X

24397

ABRÉGÉ

DE LA

GRAMMAIRE FRANÇAISE

DES ÉCOLES PRIMAIRES ÉLÉMENTAIRES,

Tout exemplaire non revêtu de la signature
de l'auteur, sera ré puté contrefait.

BOULOGNE-SUR-MER,
Imprimerie de BERGER frères, 51, Grande Rue.

ABRÉGÉ

DE LA

GRAMMAIRE FRANÇAISE

Des Écoles Primaires Élémentaires,

SUR UN

PLAN TOUT-A-FAIT NOUVEAU ET TRÈS-MÉTHODIQUE.

Avec des

EXERCICES ANALYTIQUES, ORTHOGRAPHIQUES ET SYNTAXIQUES

GRADUÉS SUR CHAQUE RÈGLE

ET SUIVIS DE RÉCAPITULATIONS,

Ouvrage mis à la portée des plus jeunes élèves,

PAR L. DUCHÊNE,

CHEF D'INSTITUTION.

1re ÉDITION.

Prix : 75 centimes.

Boulogne-sur-mer,

CHEZ L'AUTEUR, RUE NATIONALE, N° 167,

———

1850.

PRÉFACE.

Depuis longtemps on demande un abrégé de grammaire française méthodique, et à bon marché, afin que tout enfant, de quelque condition qu'il soit, puisse y puiser les premiers principes de notre langue. Moi-même j'ai plusieurs fois manifesté ce désir dans des réunions d'instituteurs. Voué à l'enseignement, j'ai eu souvent occasion d'éprouver combien presque tous les ouvrages de ce genre sont loin d'atteindre ce but : les uns, d'un prix trop élevé, ne permettent qu'à un très-petit nombre d'enfants de se les procurer ; les autres, trop succincts, ne sont pas assez en harmonie avec les grammaires plus étendues, pour offrir aux élèves l'avantage de passer de ces éléments à des préceptes d'un ordre plus élevé, sans que ce passage soit sensible.

C'est dans l'intention de remédier à ces inconvénients que j'ai rassemblé dans ce petit volume les règles et les exercices que peut comporter un abrégé. La méthode que j'ai suivie est celle que j'ai adoptée depuis plusieurs années et de laquelle j'ai obtenu les plus heureux résultats.

L'ouvrage est divisé en trois parties : la lexicologie, la lexicographie et la syntaxe. Cette division m'a paru la plus rationnelle ; car l'expérience prouve chaque jour que l'analyse est la clef de la grammaire. Et, en effet, comment, par exemple, un enfant quelque intelligent qu'il soit, saura-t-il faire accorder l'adjectif ou le pronom avec le substantif, le verbe avec son sujet, s'il ne connaît pas bien auparavant ce que c'est qu'un substantif, un adjectif, un pronom, un verbe, un sujet. Il est donc de la plus haute importance que la partie analytique soit séparée des autres et les précède. C'est ce que j'ai eu soin d'observer ; et, pour en faciliter l'étude, j'ai donné un modèle d'analyse à la suite de chaque chapitre de cette première partie.

ABRÉGÉ

DE LA

GRAMMAIRE FRANÇAISE.

NOTIONS PRÉLIMINAIRES.

1. La Grammaire est l'art de parler et d'écrire correctement.

2. Pour parler et pour écrire on se sert de mots.

3. Les mots sont composés de lettres.

4. Il y a deux sortes de lettres : les *voyelles* et les *consonnes*.

5. Les voyelles sont *a, e, i, o, u, y*. On les appelle *voyelles*, parce que seules, elles forment une voix, un son.

6. Les consonnes sont : *b, c, d, f, g, h, j, k, l, m, n, p, q, r, s, t, v, x, z*. On les appelle *consonnes*, parce qu'elles n'expriment un son qu'avec le secours des voyelles.

7. Il y a trois sortes d'E : l'*e muet*, dont le son est peu sensible et quelquefois nul, comme dans *homme, monde, folie ;* l'E *fermé*, qui se prononce la bouche presque fermée, comme dans *bonté, cha-*

rité ; l'E *ouvert*, qui se prononce la bouche un peu plus ouverte que pour l'E *fermé*, comme dans *procès, accès*.

8. L'*y* s'emploie tantôt pour un *i*, comme dans *yeux, dey, symbole*, et tantôt pour deux *i*, comme dans *pays, moyen, joyeux*.

9. Les voyelles sont *longues* ou *brèves*. Les voyelles *longues* sont celles sur lesquelles on appuie longtemps en les prononçant; les voyelles *brèves* sont celles sur lesquelles on passe rapidement en les prononçant. Ainsi *a* est long dans *pâte* et bref dans *patte*, etc.

10. La lettre *h* est *muette* ou *aspirée*. Elle est muette quand elle n'ajoute rien à la prononciation, comme dans *homme, honneur*, qu'on prononce comme s'il y avait *omme, onneur*. Elle est aspirée quand elle fait prononcer avec aspiration, c'est-à-dire du gosier, la voyelle qui suit, comme dans *héros, hameau*.

11. Outre les lettres, il y a de petits signes appelés signes orthographiques ; ce sont : l'accent aigu (´), l'accent *grave* (`), l'accent *circonflexe* (^), la *cédille* (ɔ), le tréma (¨). l'*apostrophe* ('), et le *trait d'union* (-).

12. Il y a en français dix espèces de mots qu'on appelle les parties du discours ; ce sont : le *nom* ou *substantif*, l'*article*, l'*adjectif*, le *pronom*, le *verbe*, le *participe*, l'*adverbe*, la *préposition*, la *conjonction* et l'*interjection*.

PREMIÈRE PARTIE.

LEXICOLOGIE.

CHAPITRE PREMIER.

DU SUBSTANTIF.

13. Le *nom* ou *substantif* est un mot qui sert à nommer, à représenter tout être, tout objet qui peut frapper notre vue, comme *homme*, *cheval*, *maison*, ou seulement notre imagination, comme *bonheur*, *santé*, *perfection*.

14. Il y a deux sortes de substantifs : le substantif *propre* et le substantif *commun*.

15. Le substantif propre est celui qui ne convient qu'à une seule personne ou à une seule chose, comme *Boileau*, *Racine*, *Paris*.

16. Le substantif commun est celui qui convient à tous les êtres ou à tous les objets de même espèce, comme *homme*, *cheval*, *maison*, *perfection*.

17. Il y a des substantifs communs qu'on appelle *collectifs* ; ce sont ceux qui, quoique au singulier, donnent à l'esprit l'idée de plusieurs personnes ou plusieurs choses, tels sont : *troupe*, *peuple*, *quantité*, *multitude*.

18. Les substantifs communs formés de plusieurs mots équivalents à un seul, s'appellent *substantifs composés* ; tels sont : *chef-lieu*, *avant-coureur*.

19. Les substantifs ont deux propriétés, le *genre* et le *nombre*.

20. Le genre est la propriété qu'ont les substantifs de représenter la distinction des sexes. Il y a deux genres, le *masculin* pour les noms d'hommes ou d'animaux mâles, tels que *homme*, *lion* ; et le *féminin* pour les noms de femmes ou d'animaux femelles, tels que *femme*, *lionne*. Cette différence de genre a lieu aussi dans les noms d'objets inanimés, quoiqu'ils ne soient ni mâles ni femelles. C'est ainsi que *château* a été fait du genre masculin, et *maison* du genre féminin.

21. Le nombre est la propriété qu'ont les substantifs de représenter l'unité ou la pluralité. Il y a deux nombres : le *singulier*, quand il est question d'un seul être ou d'un seul objet, comme *un homme, un livre;* et le *pluriel*, quand il est question de plusieurs, comme *des hommes, des livres*.

EXERCICES SUR LES SUBSTANTIFS.

L'élève soulignera chaque substantif.—Gram. n° 13.

La mer n'est point un élément froid ni stérile, mais un empire aussi riche, aussi peuplé que la terre, et qui offre à l'œil autant de variétés. En effet, nous y trouvons des hauteurs, des vallées, des plaines, des profondeurs, des rochers, des terrains de toute espèce, des îles qui ne sont que le sommet de hautes montagnes, et des volcans dont la bouche submergée vomit le feu du sein des ondes, et pousse jusqu'aux nues une épaisse vapeur mêlée d'eau, de soufre et de bitume.—(*Buffon.*)

L'élève mettra *s. pr.* sur chaque substantif propre et *s. com.* sur chaque substantif commun.—14, 15, 16.

Pierre, Paul, l'Europe, Paris, cheval, maison, homme, Charles, papier, Corneille, Racine, arbre, chien, enfant, table, Lille, plume, livre, la France, pays, la Loire, femme, fenêtre, ville, château, l'Asie, vache, chat, prairie, poule, Lyon.

L'élève soulignera les substantifs collectifs.—17.

La plupart des hommes. Une infinité de personnes. Bien des philosophes. La moitié des soldats. Le plus grand nombre des enfants. La foule des humains. Une multitude d'étoiles. Beaucoup d'hommes. Le nombre des malheureux.

L'élève soulignera les substantifs composés.—18.

Il y a en France quatre-vingt-six chefs-lieux de préfecture. Les oiseaux-mouches sont les bijoux de la nature. Le plaisir des avares est d'entasser des écus dans leurs coffres-forts. Cet ouvrage est un véritable chef-d'œuvre.

L'élève mettra s. m. sur chaque substantif masculin et s. f. sur chaque substantif féminin.—20.

Mon père, ma mère, mes frères et mes sœurs sont à la campagne. Plume, table, femme, homme, chien, chat, maison, ville, village, cour, jardin, prairie, enfant, cheval, jument, coq, poule, papier, encrier, règle, crayon, château.

L'élève mettra s. sing. sur chaque substantif singulier et s. pl. sur chaque substantif pluriel.—21.

Les livres, une table, des maisons, la chambre, le salon, l'écurie, le cheval, les hommes, les femmes, une plume, un mouton, un chien, des vaches, des oies, des papiers, du pain, de la viande, aux princes, le bœuf, l'éternité.

RÉCAPITULATION SUR L'ANALYSE DES SUBSTANTIFS.

L'élève analysera les substantifs suivants, d'après le modèle donné.

Les hommes, les femmes, les chevaux, Paris, la Seine, Boileau, une foule d'hommes, un arc-boutant, un oiseau, des arbres, la maison, du pain, Londres, Pierre, une multitude d'étoiles, une fille, la sœur, les lions, mon père, la brebis, la foule des humains, une arrière-garde, un chef-d'œuvre, l'Europe.

MODÈLE D'ANALYSE.

Un homme, les enfants, des arbres, Racine, une cour, Alexandre, une arrière-pensée, la foule.

Un
homme . . . . subs. com. mas. sing.
les
enfants . . . . subs. com. mas. pl.

des
arbres • . . . subs. com. mas. pl.
Racine . . . . subs. prop. mas. sing.
une
cour . . . . . subs. com. fém. sing.
Alexandre . . . subs. prop. mas. sing.
une
arrière-pensée . . subs. comp. fém. sing.
la
foule . . . . . subs. coll. fém. sing.

CHAPITRE DEUXIÈME.

DE L'ARTICLE.

22. *L'article* est un mot que l'on met devant les substantifs communs pour annoncer qu'ils sont employés dans un sens déterminé.

23. Les articles sont : *le* pour le masculin singulier: *le papier* ; *la*, pour le féminin singulier : *la plume* ; *les*, pour le pluriel des deux genres : *les papiers, les plumes*. On les appelle articles simples.

24. Ces mêmes mots combinés avec une des prépositions *à*, *des*, forment ce qu'on appelle l'article contracté. Ainsi, au lieu de dire : *à le prince, à les princes, de le prince, de les princes* ; on dit : *au prince, aux princes, du prince, des princes*.

25. L'article est encore sujet à l'élision. On appelle ainsi la suppression des lettres *a, e,* dans *la, le,* qu'on remplace par une apostrophe devant une *voyelle* ou une *h* muette. Ainsi on dit : *l'amitié, l'éternel, l'histoire,* pour *la amitié, le éternel, la histoire.*

EXERCICES.

L'élève soulignera les articles simples.—22, 23.

Le soleil, la lune et les étoiles sont la gloire de la nature. La poésie, la peinture et la musique sont sœurs. Les femmes, les enfants et les vieillards furent victimes de cet horrible massacre.

L'élève soulignera les articles contractés.—24.

Faites du bien aux pauvres, Dieu vous bénira. Le gazouillement des oiseaux, le murmure des ruisseaux, l'émail des prairies, la fraîcheur des bois, le parfum des fleurs et la douce odeur des plantes, contribuent au plaisir de l'esprit et à la santé du corps.

L'élève soulignera les articles élidés.—25.

L'amour-propre et l'orgueil sont toujours le partage d'un esprit faible. L'honnêteté, l'innocence, l'honneur et l'amour de la vertu sont très-estimés. L'histoire de l'homme, dans toutes les circonstances de la vie, est l'étude du sage.

RÉCAPITULATION.

L'élève analysera les articles et les substantifs suivants, d'après le modèle donné.

Le prince, la princesse, des fleurs, du fruit, l'éternité, au roi, aux reines, les plumes, des femmes, l'enfant, la justice, l'honneur, les personnes, du fromage, l'église, le palais, aux combats, au fils, l'âne, les chevaux, du raisin, la poule.

MODÈLE D'ANALYSE.

Le roi, la reine, les hommes, les femmes, du bois, des enfants, aux villes, l'écureuil, l'épaule.

Le	art. mas. sing. ann. que roi est dét.
roi	subs. com. mas. sing.
la	art. fém. sing. ann. que reine est dét.
reine	subs. com. fém. sing.
les	art. mas. pl. ann. que hommes est dét.
hommes	subs. com. mas. pl.
les	art. fém. pl. ann. que femmes est dét.
femmes	subs. com. fém. pl.
du	art. contracté pour de le: de, préposition; le art. mas. sing. ann. que bois est dét.
bois	subs. com. mas. sing.
au	art. contracté pour à le : à, préposition ; le art. mas. sing. an. que soldat est dét.
soldat	subs. com. mas. sing.
des	art. contracté pour de les: de, prépos. ; les, art. mas. pl. an. que enfants est dét.
enfants	subs. com. mas. pl.

aux	art. contracté pour à les : à, préposition ; les, art. fém. pl. ann. que villes est dét.
villes	subs. com. fém. pl.
l'	art. élidé mas. sing. ann. que écureuil est dét.
écureuil . . .	subs. com. mas. sing.
l'	art. élidé fém. sing. ann. que épaule est dét.
épaule . . .	subs. com. fém. sing.

CHAPITRE TROISIÈME.

DE L'ADJECTIF.

26. *L'adjectif* est un mot que l'on ajoute au substantif ou pour en exprimer les qualités, comme *bon, beau*, dans *bon père, beau livre*; ou pour en déterminer la signification, comme *ce, cette, une*, dans *ce papier, cette plume, une maison.*

27. Il y a conséquemment deux classes d'adjectifs : *les adjectifs qualificatifs et les adjectifs déterminatifs.*

DES ADJECTIFS QUALIFICATIFS.

28. Les adjectifs qualificatifs expriment les qualités des substantifs auxquels ils sont joints ; tels sont : *bon, beau, bleu, grand, petit, noir, blanc*, etc. Ainsi, dans *bon père, beau livre, habit noir, table ronde*, les mots *bon, beau, noir, ronde*, sont des adjectifs qualificatifs, parce qu'ils qualifient les substantifs *père, livre, habit, table.*

DES ADJECTIFS DÉTERMINATIFS.

29. Les adjectifs déterminatifs sont ceux qui déterminent la signification des substantifs auxquels ils sont joints ; tels que : *ce, ces, cette, mon, ma*, etc., *ce livre, ma plume.* Il y en a de quatre sortes, savoir : les *adjectifs démonstratifs*, les *adjectifs possessifs*, les *adjectifs numéraux*, et les *adjectifs indéfinis.*

DES ADJECTIFS DÉMONSTRATIFS.

30. Les adjectifs démonstratifs déterminent la si-

gnification des substantifs qu'ils précèdent en y ajoutant une idée d'indication. Ces adjectifs sont: *ce, cet, cette, ces.*

DES ADJECTIFS POSSESSIFS.

31. Les adjectifs possessifs déterminent la signification des substantifs qu'ils précèdent, en y ajoutant une idée de possession. Ces adjectifs sont :

SINGULIER.		PLURIEL.
Masculin.	*Féminin.*	*Des deux genres.*
Mon,	Ma,	Mes,
Ton,	Ta,	Tes,
Son,	Sa,	Ses,
Notre,	Notre,	Nos,
Votre,	Votre,	Vos,
Leur,	Leur,	Leurs.

DES ADJECTIFS NUMÉRAUX.

32. Les adjectifs numéraux déterminent la signification des substantifs, en y ajoutant une idée de nombre ou d'ordre. Il y en a de deux sortes : les *cardinaux* et les *ordinaux.*

33. Les adjectifs numéraux cardinaux sont ceux qui expriment le nombre des objets dont il est question ; ces adjectifs sont : *un, deux, trois, dix, vingt, trente, quarante, cinquante, cent, mille, etc.*

34. Les adjectifs numéraux ordinaux sont ceux qui marquent l'ordre, le rang des objets dont il est question. Ces adjectifs sont : *premier, second* ou *deuxième, troisième, dixième,* etc.

DES ADJECTIFS INDÉFINIS.

35. Les adjectifs indéfinis ajoutent pour la plupart aux substantifs une idée vague, indéfinie, générale. Ces adjectifs sont : *chaque, nul, aucun, même, tout, plusieurs, tel, quel, quelque, quelconque, certain, maint.*

36. L'adjectif n'a par lui-même ni genre ni nombre ; cependant, on dit qu'il est masculin ou fémin, singulier ou pluriel, selon qu'il se rapporte à

à un substantif masculin ou féminin, singulier ou pluriel.

EXERCICES.

L'élève soulignera les adjectifs qualificatifs.—28.

Un enfant doux, aimable, docile, est aimé de tout le monde. Une candeur ingénue, une aimable simplicité et une naïveté piquante, sont les charmes de la jeunesse. Ce jardin est agréable. Il séduit par ses manières flatteuses.

L'élève soulignera les adjectifs démonstratifs.— 30.

Cet homme et cette femme sont modestes. Ce papier et ces plumes m'appartiennent. Ces enfants seront récompensés. Ce livre est intéressant. Ces prairies et ces champs sont couverts d'une riche moisson.

L'élève soulignera les adjectifs possessifs.—31.

Mon frère viendra demain avec sa femme et ses enfants. Son cheval est malade. Voilà votre lettre. Voilà tes livres et ton canif. Nos soldats ont été arrêtés dans leur marche.

L'élève mettra *a. d. c.* sur les adjectifs numéraux cardinaux, et *a. d. o.* sur les adjectifs numéraux ordinaux.—32, 33, 34.

J'ai donné vingt francs pour quarante exemplaires de cet ouvrage. Cet élève est le cinquième de sa classe. Cette maison a été vendue trois mille six cents francs. Vous trouverez ce passage à la cent trentième page du second volume.

L'élève soulignera les adjectifs indéfinis.—35.

Chaque pays a ses productions particulières. Je n'ai vu aucune de ces personnes. Vous retombez dans le mêmes erreurs. Plusieurs personnes. Certains individus Quel langage que celui d'un hypocrite !

RÉCAPITULATION.

L'élève analysera les substantifs, les articles et les adjectifs suivants, d'après le modèle donné.

Des hommes patients. Une fleur nouvelle. Le grand salon du roi. Aux enfants obéissants. Au bon père.

Du papier blanc. Un fruit nouveau. La vingtième page du second volume. Chaque homme. Plusieurs femmes. Le portrait du prince. Douze chevaux. Tout homme. Nulle femme. Cet oiseau noir. Du beurre frais. Des maisons commodes. Au fils respectueux. Ma chambre. Leurs appartements nonveaux. Une histoire intéressante. Ton chapeau neuf. Ce bouquet.

MODÈLE D'ANALYSE.

Le jardin agréable. Du vin pur. Un abricot mûr. Mes appartements nouveaux. Cette maison. Son château. Le troisième volume. Nul homme.

Le	art. mas. sing. ann. que jardin est dét.
jardin.	subs. com. mas. sing.
agréable	adj. qual. mas. sing. qual. jardin.
Du	art. contracté pour de le : de, prépos. ; le, art. mar. sing. an. que vin est dét.
vin.	subs. com. mas. sing.
pur	adj. qual. mas. sing. qualifie vin.
Un	adj. num. card. mas. sing. dét. abricot.
abricot	subs. com. mas. sing.
mûr	adj. qual. mas. sing. qualifie abricot.
Mes	adj. poss. mas. pl. dét. appartements.
appartements	subs. com. mas. pl.
nouveaux.	adj. qual. mas. pl. qualifie appartements.
Cette	adj. démonst. fém. sing. dét. maison.
maison	subs. com. fém. sing.
Son	adj. poss. mas. sing. dét. château.
château	subs. com. mas. sing.
Le	art. mas. sing. ann. que volume est dét.
troisième	adj. num. ord. mas. sing. dét. volume.
volume	subs. com. mas. sing.
Nul	adj indéfini mas. sing. dét. homme.
homme	subs. com. mas. sing.

CHAPITRE QUATRIÈME.

DU PRONOM.

37. Le *pronom* est un mot qu'on met à la place du substantif ou nom, pour en rappeler l'idée et pour en éviter la répétition. Ainsi, au lieu de dire : *Ce*

prince voulait la paix, mais ce prince ne put obtenir la paix. Je dirai en employant les pronoms *il, la:* *Ce prince voulait la paix, mais il ne put l'obtenir.*

38. Le pronom sert aussi à indiquer le rôle que les personnes ou les choses remplissent dans le discours. Ce rôle est ce qu'en grammaire on appelle *personne.*

39. Il y a cinq sortes de pronoms : les *pronoms personnels*, les *pronoms possessifs*, les *pronoms démonstratifs*, les *pronoms relatifs* et les *pronoms indéfinis.*

DES PRONOMS PERSONNELS.

40. Les pronoms *personnels* sont ceux qui désignent plus spécialement les personnes que les autres pronoms.

41. Il y a trois personnes : la première est celle qui parle, *je chante* ; la seconde est celle à qui l'on parle, *tu chantes* ; et la troisième, celle de qui l'on parle, *elle chante.*

42. Les pronoms de la première personne sont : *je, me, moi, nous* ; ceux de la seconde sont : *tu, te, toi, vous* ; ceux de la troisième sont : *il, ils, elle, elles, lui, eux, le, la, les, leur, se, soi, en, y.*

43. REMARQUE. *Le, la, les, leur, en, y* ne sont pas toujours pronoms personnels. *Le, la, les, leur* ne sont pronoms personnels que quand ils accompagnent un verbe : *Je le respecte, tu la protèges, prends-les, il leur donne.* Y n'est pronom personnel que quand il signifie *à lui, à elle, à cela: j'y pense, je m'y applique.* En n'est pronom personnel que quand il signifie *de cela : je m'en occupe,* c'est-à-dire *je m'occupe de cela.*

DES PRONOMS POSSESSIFS.

44. Les pronoms *possessifs* sont ceux qui marquent la possession des objets dont ils rappellent l'idée. Ces pronoms sont :

	SINGULIER.		PLURIEL.
Masculin.	*Féminin.*	*Masculin.*	*Féminin.*
Le mien.	La mienne.	Les miens.	Les miennes.
Le tien.	La tienne.	Les tiens.	Les tiennes
Le sien.	La sienne.	Les siens.	Les siennes.
Le nôtre.	La nôtre.	*Des deux genres.*	
Le vôtre.	La vôtre.	Les nôtres.	
Le leur.	La leur.	Les vôtres.	
		Les leurs.	

DES PRONOMS DÉMONSTRATIFS.

45. Les pronoms *démonstratifs* sont ceux qui servent à désigner, à montrer les objets dont ils rappellent l'idée. Ces pronoms sont : *ce, ceci, cela, celui, ceux, celle, celles, celui-ci, ceux-ci, celle-ci, celles-ci, celui-là, ceux-là, celles-là.*

46. REMARQUE.— *Ce* n'est pronom démonstratif que quand il est joint au verbe *être* ou suivi des pronoms *dont, qui, que, quoi :* — *ce sont mes amis; ce dont vous parlez.* Hors ce cas, il est adjectif démonstratif.

DES PRONOMS RELATIFS.

47. Les pronoms *relatifs* sont ceux qui ont rapport à un nom ou à un pronom qui les précède. Ces pronoms sont : *où, qui, que, quoi, dont, lequel, laquelle, duquel, desquels, desquelles, auquel, auxquels, auxquelles.*

48. Le mot auquel se rapporte le pronom relatif s'appelle *l'antécédent* de ce pronom. Dans cette phrase : *Dieu qui a créé le monde,* Dieu est l'antécédent du pronom relatif *qui.*

49. REMARQUE. — *Où* n'est pronom relatif que quand il a le sens de auquel : *le but où je tends,* c'est-à-dire, *auquel je tends.*

DES PRONOMS INDÉFINIS.

50. Les pronoms *indéfinis* sont ceux qui désignent d'une manière vague, indéterminée, les personnes ou les choses dont ils tiennent la place. Ces pro-

noms sont ; *on , quiconque, quelqu'un, chacun, autrui,
l'un , l'autre , l'un et l'autre.*

51. REMARQUE.—*Tout, aucun, certain, maint, plusieurs,* et *tel,* que nous avons vus adjectifs indéfinis , sont pronoms indéfinis quand ils ne sont pas
joints à un substantif : *nul ne le pense ; certains ont
dit que ; plusieurs l'ont vu.*

52. *Personne* est pronom indéfini quand il n'est pas
précédé de l'article ni d'aucun déterminatif : *personne ne le connait.* Précédé d'un article ou d'un dé-
déterminatif, il est substantif : *la personne que j'ai
vue ; cette personne.*

53. Le pronom est du même genre et du même
nombre que le nom auquel il se rapporte.

EXERCICES.

L'élève soulignera les pronoms personnels.—40, 41, 42. 43.

Tu seras , je crois, content de lui. Ne vous inquiétez pas de cette affaire , je m'en occupe. Cet enfant
fera des progrès dans ses études , car il s'y applique.
Elles partirent pour Paris à six heures du soir , et elles
y arrivèrent avant minuit. Quand je le regarde , je
ne puis m'empêcher de pleurer.

L'élève soulignera les pronoms possessifs.—44.

Est-ce votre humeur ou la sienne qui vous empêche
de vivre ensemble? Mon cheval est plus beau que le
vôtre. Vos terres valent mieux que les nôtres. Je
t'ai écrit une lettre , et pourtant je n'ai pas encore
reçu la tienne.

L'élève soulignera les pronoms démonstratifs.—45, 46.

De ces oiseaux , je préfère celui-ci ; cependant
celui-là chante mieux. Ce sont vos amis qui ont fait
cela. Ceux qui ont écrit cette histoire ne la connais-
saient pas bien. Ce cheval est plus beau que celui de
mon frère.

L'élève soulignera les pronoms relatifs.—47, 48, 49.

Je connais la personne dont vous parlez. C'est une

condition sans laquelle il ne veut rien faire. Il faut que vous partiez avec la personne que vous avez vue ce matin. La place où j'aspirais est remplie.

L'élève soulignera les pronoms indéfinis.—50, 51, 52.

Personne n'est prophète chez soi. Quelqu'un m'a dit cela. On ne doit point désirer le bien d'autrui. Chacun s'en plaint. Nul ne peut le convaincre. L'un a dit oui, et l'autre a dit non. Tout disparaît devant Dieu.

RÉCAPITULATION.

L'élève analysera les substantifs, les articles, les adjectifs et les pronoms suivants, d'après le modèle donné.

Ne voyez-vous pas dans tous les traits de mon père qu'il est content de moi? Je ne connais que lui. Chacun travaille pour soi. C'est un honnête homme, fiez-vous-y. Cette personne vous plaît ; vous en parlez toujours. Avez-vous encore votre cheval? Je n'ai plus le mien. Quand vous aurez entendu nos raisons, vous exposerez les vôtres. Nos affaires ne sont pas les leurs. Vous ne trouverez pas la personne que vous cherchez. Ne faites pas à autrui ce que vous ne voudriez pas qu'on vous fît. Ce sont eux qui m'ont trompé. La personne dont je vous ai parlé. Nul ne le connaît. Votre maison est mieux que la leur. Celui qui craint Dieu, observe ses commandements. Ceux-ci travaillent pour le ciel et ceux-là pour la terre.

MODÈLE D'ANALYSE.

La personne que j'ai vue. Votre jardin est plus beau que le mien. Plusieurs personnes l'ont vu. Tu lui parleras. Nous partirons à cinq heures. Elles leur ont parlé.

La	art. fém. sing. ann. que personne est dét.
personne	subs. com. fém. sing.
que	pronom relatif, 3me pers. fém. sing.
j' pour je . . .	pronom person. 1re pers. mas. sing.
ai vue.	
Votre	adj. poss. mas. sing. dét. jardin.
jardin.	subs. com. mas. sing.
est	
plus	

beau	adj. qual. mas. sing. qualifie jardin.
que	
le mien	pronom poss. 3me pers. mas. sing.
Plusieurs. . . .	adj. ind. fém. pl. dét. personnes.
personnes. . . .	subs. com. fém. pl.
l'	pronom pers. 3me pers. mas. sing.
ont vu.	
Tu.	pronom pers. 2me pers. mas. sing.
lui.	pronom pers. 3me pers. mas. sing.
parleras	
Nous	pronom pers. 1re pers. mas. pl.
partirons. . . .	
à	
cinq	adj. numér. card. fém. pl. dét. heures.
heures. . . .	subs. com. fém. pl.
Elles	pronom pers. 3me pers. fém. pl.
leur	pronom pers. 3me pers. mas. pl.
ont parlé. . . .	

CHAPITRE CINQUIÈME.

DU VERBE.

54. Le *verbe* est un mot qui affirme que l'on est ou que l'on fait quelque chose. Dans *Dieu est juste*, *Charles joue*, les mots *est*, *joue*, sont des verbes. Le premier parce qu'il affirme que la qualité de *juste* appartient à Dieu ; et le second parce qu'il exprime que l'action de jouer est faite par *Charles*.

55. On reconnaît qu'un mot est un verbe quand on peut le faire précéder des pronoms *je*, *tu*, *il*, *nous*, *vous*, *ils*. Ainsi, *parler*, *chanter*, sont des verbes, parce qu'on peut dire : *je parle*, *tu parles*, etc., *je chante*, *tu chantes*, etc.

DU SUJET.

56. On appelle *sujet* d'un verbe le mot qui représente la personne ou la chose qui fait l'action exprimée par ce verbe. Dans *je chante*, *je* est le sujet, parce qu'il représente *moi* qui fais l'action de chanter.

57. On connaît qu'un mot est sujet quand il ré-

pond à la question *qui est-ce qui?* suivi du verbe dont il est question, pour les personnes; et *qu'est-ce qui?* pour les choses. *Je donne.* Qui est-ce qui donne? *je* ou *moi; le travail entretient la santé.* Qu'est-ce qui entretient la santé? *le travail. Je, travail* sont donc les sujets des verbes *donner*, *entretenir.*

DU COMPLÉMENT DU VERBE.

58. On appelle *complément* d'un verbe le mot qui complète, qui achève d'exprimer l'idée commencée par ce verbe. Quand je dis, *je chante*, je ne donne qu'une idée incomplète de ce que je fais; mais si je dis: *je chante une chanson*, le mot *chanson* complète l'idée commencée par *je chante.* Il en est donc le complément.

59. Il y a deux sortes de compléments, le *complément direct* et le *complément indirect.*

60. Le complément *direct* est celui qui complète la signification du verbe sans le secours d'aucun autre mot. Il répond à la question *qui?* pour les personnes, et *quoi?* pour les choses. *J'aime mon père, j'admire la vertu.* J'aime qui? *mon père;* j'admire quoi? *la vertu. Père, vertu* sont donc les compléments directs des verbes *aimer, admirer.*

61. Le complément *indirect* est celui qui complète la signification du verbe à l'aide d'une préposition exprimée ou sous-entendue. Il répond à l'une des questions *à qui? de qui? pour qui? avec qui?* etc., pour les personnes; et à l'une de celles-ci, *à quoi? de quoi? pour quoi? avec quoi?* etc., pour les choses. *Je parle à Paul, il s'occupe de cette affaire.* Je parle à qui? à Paul; il s'occupe de quoi? de cette affaire. *A Paul, de cette affaire* sont donc les compléments indirects des verbes *parler, s'occuper.*

62. REMARQUE. Les pronoms *le, la, les, que,* sont toujours compléments directs; *lui, leur, dont, en, y,* employés pour *à lui, à eux, duquel, de cela,*

sont toujours compléments indirects ; *me*, *te*, *se*, *nous*, *vous*, sont compléments directs quand ils sont employés pour *moi, toi, lui, nous, vous*, comme dans, *je me flatte, tu te loues, nous nous blessons*, qui sont pour *je flatte moi, tu loues toi, nous blessons nous ;* et compléments indirects quand ils sont employés pour *à moi, à toi, à lui, à nous, à vous*, comme dans, *je me nuis, tu lui souris, nous nous parlons*, qui sont pour *je nuis à moi, tu souris à lui, nous parlons à nous*.

63. Il y a cinq sortes de verbes : le verbe *actif*, le verbe *passif*, le verbe *neutre*, le verbe *pronominal*, et le verbe *impersonnel*.

64. Le verbe *actif* est celui qui exprime une action faite par le sujet et qui a un complément direct : *je donne un livre ; donne* est un verbe actif parce qu'il exprime l'action que fait le sujet *je*, et qu'il a pour complément direct *un livre*. On sait qu'un verbe est actif quand on peut placer immédiatement après lui *quelqu'un* ou *quelque chose*. Ainsi, *aimer, chanter*, sont actifs parce qu'on peut dire *aimer quelqu'un, chanter quelque chose*.

65. Le verbe *passif* est le contraire du verbe actif, il marque une action reçue, soufferte par le sujet, et se forme en prenant pour sujet le complément direct du verbe actif : *j'ai chanté une chanson ; une chanson a été chantée par moi*.

66. Le verbe *neutre* exprime comme le verbe actif une action faite par le sujet ; mais il en diffère en ce qu'il ne saurait avoir de complément direct. On sait qu'un verbe est neutre quand on ne peut pas mettre immédiatement après lui *quelqu'un* ou *quelque chose*. Ainsi, *marcher, nuire*, sont neutres, parce qu'on ne peut pas dire : *marcher quelqu'un, nuire quelque chose*.

67. Le verbe *pronominal* est celui qui se conjugue avec deux pronoms de la même personne, comme *je me flatte, tu te loues, il se blesse*.

68. Le verbe *impersonnel* est celui qui, à tous ses temps, ne s'emploie qu'à la troisième personne du singulier, comme : *il importe, il pleut.*

69. Le verbe est sujet à divers changements de formes ou de terminaisons: c'est ce qu'on appelle les *modifications* du verbe. Il y en a quatre, savoir : le *nombre,* la *personne,* le *mode* et le *temps.*

70. Le *nombre* sert à indiquer que le verbe est employé au singulier, comme : *je chante, tu chantes, il chante* ; ou au pluriel, comme: *nous chantons, vous chantez, ils chantent.*

71. La *personne* sert à indiquer que le verbe est de la première, de la deuxième, ou de la troisième personne, comme : *je parle, tu parles, il parle.*

72. *Mode* veut dire *manière* ; ainsi le mode est la manière d'exprimer l'affirmation marquée par le verbe. Il y a cinq modes ; l'*indicatif,* le *conditionnel,* l'*impératif,* le *subjonctif* et l'*infinitif.*

73. L'*indicatif* présente l'affirmation d'une manière positive : *je donne, j'ai donné, je donnerai.*

74. Le *conditionnel* présente l'affirmation sous certaines conditions : *je chanterais si je pouvais.*

75. L'*impératif* présente l'affirmation sous l'idée du commandement, de l'exhortation : *obéissez à vos parents.*

76. Le *subjonctif* présente l'affirmation sous l'idée du doute, du souhait, du désir: *je doute que vous réussissiez* ; *je souhaite que vous soyez heureux.*

77. L'*infinitif* présente l'affirmation d'une manière vague, sans désignation de nombre ni de personne : *observer les Commandements de Dieu, c'est vivre en chrétien.*

L'*indicatif,* le *conditionnel,* l'*impératif* et le *subjonctif* sont appelés modes personnels, parce qu'ils sont susceptibles de la différence des personnes ; l'*infinitif* est appelé mode impersonnel, par la raison contraire.

78. Le *temps* sert à indiquer que l'affirmation exprimée par le verbe a lieu présentement : *je chante* ; ou qu'elle a eu lieu dans un temps passé : *j'ai chanté hier* ; ou qu'elle aura lieu dans un temps à venir : *je chanterai demain*. De là trois temps principaux : le *présent*, le *passé* et le *futur*.

79. Il y a huit temps pour exprimer les trois époques, dont un pour le présent, qui est le *présent* ; cinq pour le passé, savoir : l'*imparfait*, le *passé défini*, le *passé indéfini*, le *passé antérieur* et le *plus-que-parfait* ; et deux pour le futur, savoir : le *futur absolu* et le *futur antérieur*.

80. Le présent exprime que l'action marquée par le verbe a lieu au moment de la parole : *je chante, je lis*.

81. L'imparfait exprime l'action marquée par le verbe comme présente par rapport à une époque passée : *j'écrivais quand vous entrâtes*.

82. Le passé défini exprime l'action marquée par le verbe comme ayant eu lieu dans un temps passé et totalement écoulé : *je voyageai l'année dernière*.

83. Le passé indéfini exprime l'action marquée par le verbe comme ayant eu lieu dans un temps passé soit ou non complètement écoulé : *j'ai voyagé la semaine passée, aujourd'hui*.

84. Le passé antérieur exprime l'action marquée par le verbe comme ayant eu lieu avant une autre dans un temps passé : *quand j'eus fini, je partis*.

85. Le plus-que-parfait exprime l'action marquée par le verbe comme passée en elle-même, et aussi à l'égard d'une autre également passée : *j'avais fini quand vous entrâtes*.

86. Le futur absolu exprime l'action du verbe comme devant avoir lieu dans un temps à venir : *je partirai demain*.

87. Le futur antérieur exprime l'action du verbe comme antérieure à une époque à venir : *j'aurai fini demain*.

88. Les temps des verbes se divisent en temps *simples* et en temps *composés*. Les temps simples sont ceux qui se conjuguent sans un des auxiliaires *avoir, être*, comme : *je chante, tu marcheras*. Les temps composés sont ceux qui se conjuguent avec *avoir* ou *être*, comme : *j'ai mangé, tu es parti*.

89. Les temps des verbes se divisent encore en temps *primitifs* et en temps *dérivés*. Les temps primitifs sont ceux qui servent à former les temps dérivés.

90. Conjuguer un verbe, c'est l'écrire ou le réciter avec toutes ses inflexions de nombres, de personnes, de modes et de temps.

91. Il y a quatre *conjugaisons* ou *classes de verbes* que l'on distingue par la terminaison du présent de l'infinitif.

92. La première conjugaison a le présent de l'infinitif terminé en *er* comme *aimer*; la deuxième en *ir* comme *finir*; la troisième en *oir* comme *recevoir*; la quatrième en *re* comme *rendre*.

93. Un verbe est régulier ou irrégulier. Il est régulier s'il est entièrement conforme au type de la conjugaison à laquelle il appartient, et irrégulier, s'il ne l'est pas ; de plus, il est défectif s'il lui manque quelque temps ou quelque personne.

94. Il y a deux verbes qu'on appelle *auxiliaires* parce qu'ils aident à conjuguer tous les autres dans leurs temps composés. Ces verbes sont : *avoir, être*.

EXERCICES.

L'élève soulignera chaque verbe.—54, 55.

Tout change dans la nature, tout s'altère, tout périt. Le corps de l'homme n'est pas plus tôt arrivé à son point de perfection qu'il commence à déchoir. Le dépérissement est d'abord insensible ; il se passe même plusieurs années avant que nous nous apercevions d'un changement considérable. Cependant, nous de⸝

vrions sentir le poids de nos années mieux que les
autres ne peuvent en compter le nombre ; et, comme
ils ne se trompent pas sur notre âge en le jugeant par
les changements extérieurs, nous devrions nous tromper encore moins sur l'effet intérieur qui les produit,
si nous nous observions mieux, si nous flattions
moins, et si, dans tout, les autres ne nous jugeaient
pas toujours beaucoup mieux que nous ne nous ju-
geons nous-mêmes.—(*Buffon*).

L'élève soulignera chaque sujet.—56, 57.

Je chante une chanson. Tu liras un livre. Il a mangé
des pommes. Ces enfants sont obéissants. Ils demeu-
rèrent interdits. Vous sortirez avant moi de cette pri-
son où nous sommes enfermés depuis six mois. Elles
lui parlèrent. Elle a joué.

L'élève mettra *c. d.* sur chaque complément direct et *c. i.*
sur chaque complément indirect.—58, 59, 60, 61, 62.

Je mange une poire. Mon frère a étudié la grammaire et il la connaît assez bien. Tu parleras à mon
oncle. Elles nous ont nui. Il faut pardonner à ses ennemis. Nous porterons des fleurs et des fruits à notre
cousine. Quand vous aurez lu les ouvrages que vous
avez achetés, je vous prie de me les envoyer. Nous
nous occupons de cette affaire.

L'élève soulignera les verbes actifs.—64.

Je reçois une lettre. Parlez à votre frère. Il remplit ses devoirs. Remercions Dieu de nous avoir donné
la vie. Il faut respecter les vieillards. Nous avons
remporté la victoire. J'étudie la grammaire. Il a suc-
cédé à son père. Ils se nuisent.

L'élève soulignera les verbes passifs.—65.

Je suis aimé. Un hymne a été chanté en l'honneur
des guerriers qui ont remporté la victoire. Une maison
a été détruite. Il faut que je cherche le livre qui a été
perdu. La personne que j'ai vue ce matin a été blessée.

L'élève soulignera les verbes neutres.—66.

Tu as cassé un verre. Nous avons nui à notre ami.
Vous vous repentirez de cette action. Elles ont parlé

en votre faveur. Nous cherchons le bonheur et nous courons à notre perte. Obéissez à vos parents. Nous arriverons avant qu'ils partent

L'élève soulignera les verbes pronominaux.—67.

Nous nous reposerons sous ce chêne. Tu finiras avant moi. Il se blessera. Nous nous imaginions à tort que cette affaire n'aurait pas lieu. Je me repens encore d'avoir agi ainsi. Il faut que je me promène.

L'élève soulignera les verbes impersonnels.—68.

Il neige. Pensez-vous qu'il réussisse. Il importe que nous nous conduisions bien. Il faut que nous partions. Il a plu pendant deux jours. Il a tonné hier. Qu'il grèle.

L'élève indiquera le nombre, la personne, le mode, le temps— de 70 à 87.

Je parle. Tu as chanté. Il eut gagné. Que vous fussiez venu. Qu'il parlât. J'eus perdu. Nous sortirons. Ils partiraient. Nous aurions succombé. Partez. Que tu viennes. Il fallait. Nous nous perdons. Vous faites. Ils avaient mangé. Pleurons. Qu'elles eussent demandé. J'aurai terminé. Elles demandèrent. Fendre. Sortir. Que tu cessasses.

L'élève indiquera les temps simples par *t. s.* et les temps composés par `t. c.*—88.

J'ai donné. Tu parles. Nous mourons. Vous avez perdu. J'aurais gagné. Que je marche. Nons pardonnâmes. Ils eussent partagé. Que j'eusse eu fini. Vous sortirez. Elles douteraient. Soyez. Nous aurions eu. Il dort.

L'élève indiquera les temps primitifs par *t. p.* et les temps dérivés par *t. d.*—89.

Aimer. Que j'aime. Parlant. Je parlerais. Nous parlons. Je donnai. Que je donnasse. Tu sortiras. Trouvé. J'ai trouvé. Soupirant. Que je soupire. Je triomphe. Triomphant. Dormir. Je dormirai.

L'élève indiquera à quelle conjugaison appartient chaque verbe, par 1re, 2me, 3me ou 4me.—90, 91, 92.

Aimer. Sentir. Mourir. Paraître. Croire. Donner.

Absoudre. Concevoir. Finir. Mentir. Chanter. Se re-
pentir. Se mouvoir. Croître. Balayer. Apercevoir.
Fouler. Confondre. Sentir. Vendre. Consentir. Net-
toyer.

RÉCAPITULATION.

Dans cette partie, l'élève fera l'analyse du substantif, de l'article, de l'adjectif, du pronom, du sujet et du complément
du verbe, et du verbe lui-même dans toute son étendue,
d'après le modèle donné.

L'ignorance et la folie croient savoir tout : l'une
et l'autre sont orgueilleuses, le véritable mérite seul
est modeste. Une bonne éducation forme le cœur.
Ils se flattent de réussir. Les troupes furent repous-
sées. Toute vertu vient de Dieu. Il m'a comblé de
bienfaits. Tu te trompes. Ce général s'attache à ses
soldats. Il se les attache par sa douceur et sa généro-
sité. Bien des rois se succédèrent sur le trône de France.
Nous nous adressons des lettres. Il faut que nous nous
retirions. Il a fallu qu'il lui parlât en secret. Notre
bonheur éternel dépend de notre conduite ici-bas.
Cet appartement nous plaît. Celui qui marche dans
le chemin de la vertu est sûr de trouver le véritable
bonheur. Vous les avez secourus. Elles se sont plu à
nous nuire. Quand vous aurez fini votre besogne, ve-
nez me voir. Que nous ayons partagé. Adam et Eve
mangèrent du fruit défendu.

MODÈLE D'ANALYSE.

*Je mange une pomme. Tu écriras une lettre. Il a
parlé au roi. Les prières ferventes apaisent Dieu.
Nous nous repentirons. Nous les avons vus. Nous
vous avons parlé de cette affaire.*

Je . . . . pronom pers. 1re pers. mas. sing. suj. de
mange.
mange . . . . verb. act. au prés. de l'ind. 1re pers.
sing. 1re conj.
une . . . . . adj. num. card. fém. sing. dét. pomme.
pomme . . . . subs. com. fém. sing compl. dir. de mange.
Tu . . . . . . pr. pers. 2e pers. mas. sing. suj. de écriras
écriras . . . . verb. act. au futur abs. 2me pers. sing.
4me conj.
une . . . . . adj. num. card. fém. sing. dét. lettre.

lettre. . . . . . . subs. com. fém. sing. compl. dir. de écriras.
Il . . . . pron. pers. 3me pers. mas. sing. suj. de a
              parlé.
a parlé . . . . . verb. neut. au passé ind. 3me pers. sing.
              1re conj.
au . . . . art. cont. pour à le : à, prépos ; le, art.
              mas. sing. ann. que roi est dét.
roi. . . . . . . subs. com. mas. sing. compl. indir. de a
              parlé.
Les . . . . . . art. fém. pl. ann. que prières est dét.
prières . . . . . subs. com. fém. pl. suj. de apaisent.
ferventes . . . . adj. qual. fém. pl. qual. prières.
apaisent. . . . . verb. act. au prés. de l'ind. 3me pers. pl.
              1re conj.
Dieu. . . . . . . subs. prop. mas. sing. compl. dir. de
              apaisent.
Nous . . . . . . pron. pers. 1re pers. mas. pl. suj. de re-
              pentirons.
nous . . . . . . pron. pers. 1re pers. mas. pl. compl. dir.
              de repentirons.
repentirons. . . . verb. pron. au fut. abs. 1re p. pl. 2e conj.
Vous . . . . . . pron. pers. 2me pers. mas. pl. suj. de
              avez vus.
les . . . . pron. pers. 3me pers. mas. pl. compl. dir.
              de avez vus.
avez vus . . . . verb. act. au passé ind. 2me pers. pl. 3me
              conj.
Nous . . . . . . pron. pers. 1re pers. mas. pl. suj. de
              avons parlé.
vous . . . . . . pron. pers. 2me pers. mas. pl. compl.
              indir. de avons parlé.
avons parlé . . . verb. neut. au passé ind. 1re pers. pl. 1re
              conj.
de . . . . préposition.
cette . . . . . . adj. démons. fém. sing. dét. affaire.
affaire. . . . . . subs. com. fém. sing. compl. indir. de
              avons parlé.

CHAPITRE SIXIÈME.

DU PARTICIPE.

95. Le *participe* est un mot qui tient du verbe et de
l'adjectif. Il tient du verbe, en ce qu'il en a la signification et le régime : *Un enfant aimant sa mère.*
Il tient de l'adjectif, en ce qu'il qualifie le mot

                                             2

auquel il se rapporte : *un enfant aimé, des mères aimées.*

95 bis. Il y a deux sortes de participes : le participe *présent* et le participe *passé.*

96. Le participe *présent* est toujours terminé en *ant* et ne varie jamais : *un homme lisant, des hommes lisant.* Il ne faut pas le confondre avec l'adjectif verbal qui a la même terminaison. Le premier marque l'action, le second l'état ou la qualité, et s'accorde en genre et en nombre avec le nom auquel il se rapporte.

97. On reconnaît qu'un qualificatif en *ant* est participe présent 1° quand il a un régime direct ; 2° quand on peut le faire précéder du mot *en* ou le remplacer par un autre temps du même verbe précédé de *qui* ou d'une des conjonctions *lorsque, parce que, puisque, etc.* Ainsi dans cette phrase : *ces hommes obligeant leurs amis,* on voit que *obligeant* est participe présent d'abord, parce qu'il a un régime direct, *leurs amis ;* et ensuite parce qu'on peut le faire précéder du mot *en,* ou le remplacer par un autre temps du même verbe précédé de *qui* ou d'une des conjonctions *lorsque, parce que, puisque, etc.,* et dire : *ces hommes en obligeant, qui obligent, parce qu'ils obligent, puisqu'ils obligent leurs amis.*

98. L'adjectif *verbal* marque l'état, la manière d'être du mot auquel il se rapporte, et ne peut ni avoir de régime direct, ni être précédé du mot *en,* ni remplacé par un autre temps du même verbe précédé de *qui,* ni d'une des conjonctions *lorsque, parce que, puisque,* sans qu'il y ait entre ces mots et le qualificatif un des temps du verbe *être.* Ainsi dans cette phrase : *ces hommes prévoyants ont aperçu le danger,* on voit que *prévoyants* est adjectif verbal 1° parce qu'il marque la manière d'être du mot *hommes* auquel il se rapporte ; 2° parce qu'il n'a pas de complément ; et 3° parce qu'on ne pourrait le faire précéder du mot *en* ni d'une des conjonc-

tions *lorsque, parce que, puisque,etc.*, sans qu'il y ait entre ces mots et le qualificatif un des temps du verbe *être*. En effet, on ne pourrait pas dire : *ces hommes parce qu'ils prévoyants, etc.*, mais on dira bien : *ces hommes parce qu'ils sont prévoyants ont aperçu le danger.*

99. Le participe *passé*, dont les terminaisons sont *e, i, u, s, t,* comme *aimé, fini, reçu, clos, craint, ouvert, soumis, écrit,* ajoute au mot qu'il qualifie l'idée d'une action reçue par ce mot. Il est nommé *passé* parce qu'il exprime toujours un temps passé.

EXERCICES.

L'élève soulignera les participes présents.—95, 96, 97, 98.

Avant Fo-hi, fondateur de la monarchie chinoise, on voit les hommes vivant en brutes, errant çà et là dans les forêts, ne pensant qu'à dormir et à se rassasier, dévorant jusqu'aux plumes et au poil des animaux, ignorant le mariage et toute espèce de lois et de bien-séance. Il y avait dans cette pièce deux vers mal-sonnants et offensant les oreilles pieuses, qu'il a fallu corriger. La science et la vertu sont des trésors indé-pendants des caprices de la fortune.

L'élève soulignera les participes passés.—99.

La tragédie que vous avez vu jouer, n'a pas répon-du, dites-vous, à l'opinion que vous aviez conçue du talent de l'auteur ; le style vous en a paru très-faible ; les sentiments qui y sont répandus, vous ont paru mal exprimés ; la pièce, en un mot, vous a semblé d'un intérêt nul.

RÉCAPITULATION.

L'élève analysera les substantifs, les articles, les adjectifs, les pronoms, les verbes et les participes, d'après le modèle donné.

J'ai vu ces deux malheureux fils pleurant sur la tombe de leur mère, et implorant pour elle la miséri-corde divine. Ils se proposaient de rendre la liberté à leur patrie gémissant dans les fers d'un dur et honteux esclavage. Nos champs sont cultivés. Elle a séjourné

trois mois à la campagne. Les personnes que vous
avez rencontrées hier, je les ai vues ce matin. Que de
livres il a lus! Ils se sont battus trois fois sans se bles-
ser. J'ai vu les tableaux que tu as donnés à ma sœur.
Les troupes sont parties. Nous nous sommes parlé sans
nous connaître. Ce jeune homme, nous l'avons vu se
précipiter dans la mer. J'ai vu cette tendre mère ver-
sant des torrents de larmes pour les enfants qu'elle
avait perdus. Les pêches et les abricots que nous avons
cueillis. Ulysse écarta tous les seigneurs prétendant au
trône qu'il avait laissé vacant à son départ pour Troie.
Près de ces cadavres fumants était une vieille femme
à qui le bruit de la foudre avait ôté l'usage de la parole. Ces personnes se sont baignées dans la Seine ; je
les ai vues. Nos travaux sont terminés. Des jours et
des nuits passés dans les pleurs. Elles nous ont lu une
lettre.

MODÈLE D'ANALYSE.

Les livres que vous m'avez envoyés, je les ai lus.
Il a cueilli une pomme. Ces enfants se sont noyés.

Les	art. mas. pl. ann. que livres est dét.
livres	subs. com. mas. pl. antécéd. de que.
que	pron. rel. 3me pers. mas. pl. compl. dir. de avez envoyés.
vous	pr. pers. 2me pers. mas. pl. suj. de avez envoyés.
m' p. me . . .	pr. pers. 1re pers. mas. sing. compl. ind. de avez envoyés.
avez envoyés. . .	verb. act. au passé ind. 2me pers. pl. 1re conj ; le part. est var. parce qu'il est précédé de son compl. dir. que.
je	pr. pers. 1re pers. mas. sing. suj. de ai lus.
les	pr. pers. mas. 3e pers. pl. compl. dir. de ai lus.
ai lus	verb. act. au passé ind. 1re pers. sing. 4me conj.; le part. est var. parce qu'il est précédé de son compl. dir. les.
Il . . . . - .	pr. pers. 3me pers. mas. sing. suj. de a cueilli.
a cueilli . . .	verb. act. au passé ind. 3me pers. du sing. 2me conj.; le part. est invar. parce que son compl. dir. une pomme est après.
une	adj. num. card. fém. sing. dét. pomme.

pomme	subs. com. fém. sing. compl. dir. de a cueilli.
Ces	adj. démons. mas. pl. dét. enfants.
enfants . . .	subs. com. mas. pl. suj. de sont noyés.
se	pr. pers. 3me pers. mas. pl. compl. dir. de sont noyés.
sont noyés . . .	verb. pr. au passé ind. 3me pers. pl. 1re conj.; le part. est var. parce que son compl. dir. se est avant.

CHAPITRE SEPTIÈME.

DE L'ADVERBE.

100. *L'adverbe* est un mot invariable qui modifie ou un verbe : *il agit prudemment ;* ou un adjectif : *il est très-prudent ;* ou un autre adverbe : *il agit très-prudemment.*

101. Les adverbes sont *simples* ou *composés.* Simples, quand ils ne sont que d'un seul mot, comme : *assez, trop, tant ;* et composés, quand ils sont de plusieurs mots, comme : *à jamais, à-la-fois, à l'envi.* Ces derniers s'appellent aussi *expressions* ou *locutions adverbiales.*

102. Les principaux adverbes sont : *alors, assez, à-la-fois, auparavant, auprès, aujourd'hui, aussi, autant, à tort, beaucoup, bien, bien-tôt, çà-et-là, d'abord, dedans, dehors, déjà, dès-lors, demain, dessous, dessus, du tout, ensuite, fort, hier, jamais, ici, là, loin, maintenant, mieux, moins, ne pas, où, peut-être, pourtant, près, peu, plus, presque, souvent, toujours, très, trop, utilement, volontiers, sur-le-champ, tout-à-l'heure.*

CHAPITRE HUITIÈME.

DE LA PRÉPOSITION.

103. La *préposition* est un mot invariable qui sert à exprimer les rapports que les mots ont entre eux.

Entre ces mots : *je suis et l'eau*, il peut y avoir un grand nombre de rapports : — *Je suis dans l'eau, je suis sur l'eau, je suis sous l'eau,* etc. Les mots *dans, sur, sous,* qui expriment ces rapports, sont des prépositions.

104. Les prépositions sont *simples* ou *composées.* Simples, quand elles ne sont que d'un seul mot, comme, *de, par,* et composées quand elles sont de plusieurs mots, comme : *à côté de, à cause de.* Ces dernières s'appellent aussi expressions ou locutions prépositives.

105. Les principales prépositions sont : *à, après, à côté de, attendu, avec, à cause de, chez, contre, dans, jusqu'à, de, depuis, derrière, dès, de-là, devant, durant, en, à raison de, entre, envers, hormis, malgré, près de, moyennant, nonobstant, hors de, outre, pour, parmi, pendant, quant à, sauf, selon, attenant à, sous, suivant, sur, touchant, vers, à même de, proche de.*

CHAPITRE NEUVIÈME.

DE LA CONJONCTION.

106. La *conjonction* est un mot invariable qui sert à lier un membre de phrase à un autre membre de phrase. Quand je dis *Dieu est le créateur du Ciel et de la terre,* le mot *et* sert à lier le premier membre de phrase, *Dieu est le créateur du ciel,* au second membre de phrase, *de la terre.* — *Et* est donc une conjonction.

107. Les conjonctions sont *simples* ou *composées.* Simples, quand elles ne sont que d'un seul mot, comme, *et, ni, mais ;* et composées quand elles sont de plusieurs mots, comme, *tandis que, à moins que.* Ces dernières s'appellent aussi expressions ou locutions conjonctives.

108. Les conjonctions les plus usitées sont : *ainsi, car, comme, cependant, donc, et, lorsque,*

mais, néanmoins, ni, or, ou, parce que, pourquoi, puisque, quand, que, quoique, savoir, si, soit, toutefois, tandis que, afin que, bien que, ou bien, par conséquent, sans que.

CHAPITRE DIXIÈME.

DE L'INTERJECTION.

109. L'*interjection* est un mot invariable qui sert à exprimer, comme en un seul jet, un mouvement subit de l'âme, comme, *hélas! fi!* etc.

110. Les interjections sont *simples* ou *composées*. Simples, quand elles sont d'un seul mot, comme, *ha! hélas!* et composées, quand elles sont de plusieurs mots, comme, *paix donc! hé quoi!* Ces dernières s'appellent aussi expressions ou locutions interjectives.

111. Les interjections les plus usitées sont : *ah! bah! chut! eh! fi! eh bien! ha! hélas! holà! ho! hem!..... Oui da! hé! ô! oh! fi donc! ho çà! hé bien! hé quoi!*

112. *Ah! ha! eh! hé! ô! oh!* ont différentes significations. *Ah!* marque la joie, la surprise, la peine, etc. *Ha!* marque la surprise. *Eh!* marque la surprise. *Hé!* sert le plus souvent à appeler. *O!* sert quand on s'adresse à quelqu'un. *Oh!* marque la surprise, l'admiration.

EXERCICES.

L'élève soulignera les adverbes (Nos. 100, 101, 102).

L'enfant doit écouter beaucoup et parler peu. A peine a-t-il fini de parler, qu'on voit çà et là le peuple courir aux armes. Tôt ou tard vous l'aurez. Je partirai aujourd'hui ou demain. D'abord on crut qu'il avait perdu; mais bientôt la fortune inconstante se range de son côté et l'ennemi n'a guère de ressource pour se soutenir davantage; déjà on le voit plier, et quelques minutes après, il est en fuite.

L'élève soulignera les prépositions (Nos. 103, 104, 105).

L'un des meilleurs remèdes contre nos propres maux, c'est de chercher des consolations pour les chagrins des autres. Soyez prodigue envers les malheureux, économe chez vous et fidèle à l'égard de vos amis. On n'est heureux que par la vertu ; méritez d'être heureux, vous trouverez le bonheur dans la conscience.

L'élève soulignera les conjonctions (Nos. 106, 107, 108).

Il vit comme un impie. La sagesse et la puissance de Dieu sont infinies. Ni l'or ni la grandeur ne nous rendent heureux. Je vous prêterai cette somme, pourvu que vous me la rendiez demain. Je ne puis vous accompagner, car j'ai besoin chez moi. Nous nous tiendrons prêts, en cas que le maître arrive. Il y a bien des gens qu'on estime, parce qu'on ne les connaît pas.

L'élève soulignera les interjections (Nos. 109, 110, 111).

Ah ! que de la vertu les charmes sont puissants. Eh ! qui n'a pas pleuré quelque perte cruelle ? Ah ! je comprends combien les dieux me sont cruels. Eh bien ? je vais retomber dans tous mes malheurs. Hélas ! s'écriait Télémaque, voilà donc les maux que la guerre entraîne après elle ! O mon fils ! Oh ! qu'il me tarde d'entendre ta voix.

NOTA. Je n'ai pas cru devoir donner de modèle d'analyse sur les quatre dernières parties du discours, parce que ces espèces de mots ne présentant aucune difficulté, étant invariables, l'élève n'aura qu'à les désigner par les abréviations suivantes. — EXEMPLE : *peu,* adv. ; *dans,* prépos.; *comme,* conj. ; *ah !* interj.; *à-la-fois,* locut. adv., etc.

EXERCICES.

RÉCAPITULATION SUR L'ANALYSE DES DIX PARTIES DU DISCOURS.

En vain se rassure-t-on sur la sincérité de ses sentiments, sur la ferveur de ses résolutions, il ne faut qu'une malheureuse occasion pour nous perdre.

On a vu les colonnes des plus saints déserts être

renversées, après avoir lutté durant bien des années contre les plus violents orages.

Dans le chemin de la vertu, un jour ne répond pas de l'autre; et faute de fidélité, une âme, après avoir été l'objet des faveurs de Dieu, peut encore devenir un objet de réprobation.

Celui qui, comptant sur ses résolutions passées, ne veille pas assez sur lui-même ne tardera pas à y manquer.

Quand on veut aller sur une mer orageuse et pleine d'écueils, sans prendre toutes les précautions nécessaires, on doit s'attendre à faire bientôt le plus triste naufrage.

Les Philistins possédèrent l'arche du Seigneur. Ils l'enrichirent même de leurs présents. Cependant elle ne fut pas pour eux une source de bénédictions, parce qu'ils aimaient toujours leurs idoles.

Dieu demande rarement que nous lui fassions connaître notre amour par des actions éclatantes. Cet amour paraît dans une constante fidélité aux plus petits devoirs de l'état.

Quand on est sensible aux bienfaits d'un ami, ah! qu'on est prompt à témoigner de la reconnaissance!

DEUXIÈME PARTIE.

LEXICOGRAPHIE.

CHAPITRE PREMIER.

DU SUBSTANTIF.

Formation du pluriel dans les Substantifs.

113. Règle générale. — On forme le pluriel des substantifs en ajoutant une s au singulier : *un homme, des hommes; un livre, des livres.* Il y a des exceptions.

114. *Première Exception.* — Les substantifs terminés au singulier par s, x, z, ne changent pas au pluriel : *un fils, des fils; une voix, des voix; un nez, des nez.*

115. *Deuxième Exception.* — Les substantifs terminés au singulier par au et par eu prennent x au pluriel : *un tableau, des tableaux; un jeu, des jeux.*

116. PREMIÈRE REMARQUE.—Les substantifs terminés au singulier par ou, prennent s au pluriel : *un clou, des clous.* Excepté : *bijou, caillou, chou, genou, hibou* et *pou,* qui prennent x : *des bijoux, des cailloux, etc.*

117. *Troisième Exception.*—Les substantifs terminés au singulier par al changent al en aux au pluriel *un cheval, des chevaux.* Excepté: *bal, carnaval, régal* qui forment leur pluriel par l'addition d'une s : *un bal, des bals, etc.*

118. DEUXIÈME REMARQUE.—Les substantifs terminés au singulier par ail, forment leur pluriel par l'addition d'une s : *un portail, des portails.* Excepté : *bail, corail, émail, soupirail, travail,* qui forment leur pluriel par le changement de *ail* en *aux* : un *bail, des baux.* (*)

EXERCICES.

L'élève mettra au pluriel les substantifs suivants.

113. Le père, là mère, le frère, la sœur, une maison, un champ, la cour, la poule, un coq, une vache, un poulet, le chien, le chat, la jambe, le pigeon.

114. Une noix, un pois, le nez, la voix, un fils, un pas, la croix, le jus, un palais, un discours, le pays, un crucifix, le choix, le bois.

115. Un tableau, un essieu, un taureau, un cheveu, un jeu, un drapeau, un bateau, un caveau, le feu, le hameau, un château.

116. Un clou, un coucou, un hibou, un caillou, un bambou, un licou, un chou, un genou, un sou, un fou, un trou.

117. Un bal, le caporal, un rival, un cheval, un général, un hôpital, un journal, un canal, un arsenal, un local, un tribunal, un chacal.

118. Un bail, le travail (dans le sens ordinaire), un soupirail, un portail, l'émail, un gouvernail, le corail, le camail, un éventail, un détail, un épouvantail.

RÉCAPITULATION SUR LES SUBSTANTIFS.

L'élève corrigera les fautes qui sont laissées à dessein dans les substantifs.

Les eau du déluge s'élevèrent de quinze coudée au-dessus des plus hautes montagne. Arrêtons, dit-il, la marche de nos rivals. Quand on sut la nouvelle de la victoire que nos généraux avaient remportée, on ordonna des jeu et des feu d'artifice dans les principales ville du royaume. Les filou sont d'habiles voleurs. Les portail de ces églises sont magnifiques. Ce notaire a fait trois bails ce matin. Les essieu de cette voiture sont cassés. Les gouvernails ayant été rompus, les vaisseau furent abandonnés au grés des vent et des flot. Mettez des clou et des verrou à cette porte. Les travails de ces fortification furent dirigés avec art

(*) *Travail*, désignant les machines où l'on ferre les chevaux, fait *travails* au pluriel.

Les émails de ces blason sont fort riches. Pour six sou j'ai eu deux cents chou. Enfoncez ces pieu dans la terre. Fermez les soupirails de la cave.

CHAPITRE DEUXIEME.

DE L'ARTICLE.

119. *Le* se met devant les substantifs masculins singuliers : *le père* ; *la* se met devant les substantifs féminins singuliers : *la mère* ; *les* se met devant tous les substantifs pluriels soit masculins, soit féminins : *les pères* ; *les mères.*

120. *A* dans *la* et *e* dans *le* se remplacent par une apostrophe quand le mot suivant commence par une *voyelle* ou une *h* muette. Ainsi l'on écrit : *l'argent, l'amitié, l'honneur, l'histoire* pour *le argent, la amitié, le honneur, la histoire.*

121. *Du* et *au* se mettent devant les substantifs masculins singuliers qui commencent par une *consonne* ou une *h* aspirée : *du pain, du héros, au pain, au héros. Des* et *aux* se mettent devant tous les substantifs pluriels des deux genres.

122. Devant un mot qui commence par une *voyelle* ou une *h* muette, la contraction *du, au,* n'a pas lieu. Ainsi au lieu de dire : *du argent, du honneur* ; *au argent, au honneur,* on dit : *de l'argent, de l'honneur* ; *à l'argent, à l'honneur.*

EXERCICES.

L'élève mettra *le, la* ou *les* devant les substantifs, suivant le genre et le nombre (*).—**119.**

Père, *m. s.*—Mère, *f. s.* — Frères, *m. pl.*—Sœurs, *f. pl.* — Maison, *f. s.* — Famille, *f. s.* — Châteaux, *m.*

(*) Les initiales placées après chaque substantif en indiquent le genre et le nombre.

pl.—Jardins, *m. pl.*—Prairies, *f. pl.*—Livre, *m. s.*—Plume, *f. s.*—Table, *f. s.* —Papier, *m. s.* — Femme, *f. s.*—Hommes, *m. pl.*—Chaises, *f. pl.*—Branches, *f. pl.*—Canif, *m. s.*

L'élève fera les élisions convenables.— 120.

Le homme, la femme, la ambition, le honneur, le argent, le éléphant, le bonheur, le enfant, les hirondelles, le château, la inconstance, le événement, la écurie, le étourneau, le chien, le éternel, la église.

L'élève fera les contractions convenables. — 121.

A le père, de le vin, à les hommes, à les femmes, de le papier, à le prince, à les fils, à les jours, à le bonheur, de le cultivateur, de les filles, de le ciel, à les saints, de les anges, à les mères, de les pères.

L'élève remplacera, selon le cas, *du* par *de l'*, et *au* par *à l'*.—122.

Du pain, du or, du poisson, au homme, au roi, du papier, au enfant, au hameau, du émail, du œil, du accident, au berger, du orgueil, au ambitieux, du poivre, du intérêt, au élève, du accord.

RÉCAPITULATION.

L'élève fera les élisions et les contractions convenables.

De les pigeons, à le médecin, à le hôpital, à la heure, la hirondelle, de les pays, de le salon, du argent, de la intimité, de les honneurs, à les fleurs, de les montagnes, de la imagination, de le esprit, de les dons, du nature, de le orgueil, de la intrépidité, de la humeur, de les oiseaux, à les poules, à le frère, à les sœurs, la impuissance, le écureuil, le outil.

CHAPITRE TROISIÈME.

DE L'ADJECTIF.

Formation du féminin dans les adjectifs.

123. Règle Générale.—On forme le féminin des adjectifs en ajoutant un *e* muet à la fin : *sensé, sensée; mauvais, mauvaise.* Il y a des exceptions.

124. *Première Exception.*—Tout adjectif terminé au masculin par un *e* muet ne change pas au féminin: *un jardin agréable, une maison agréable.*

125. *Deuxième Exception.*—Les adjectifs terminés au masculin par *el, eil. ien, et, on,* font au féminin *elle, eille, ienne, ette, onne,* en doublant la dernière consonne et y ajoutant un *e* muet : *cruel, cruelle; pareil, pareille. etc.* Cependant *complet, concret, discret. secret, inquiet, replet* font *complète, concrète, discrète, secrète, inquiète, replète.*

126. *Troisième Exception.*—Les adjectifs terminés au masculin par *f* changent *f* en *ve* au féminin : *bref, brève ; naïf, naïve.*

127. *Quatrième Exception.*—Les adjectifs terminés au masculin par *x* changent *x* en *se* au féminin : *dangereux, dangereuse.* Cependant *doux, roux, vieux, préfix,* font *douce, rousse, vieille, préfixe.*

128. *Cinquième Exception.*—Les adjectifs *blanc, franc, sec, frais, public, caduc. turc, grec, long, oblong. malin, bénin,* font au féminin *blanche, franche. sèche, fraîche, publique, caduque, turque, grecque, longue, oblongue, maligne, bénigne.*

129. *Sixième Exception.*—Les adjectifs *nul, gentil, sot, vieillot, paysan, bas, gras, gros, las, épais, exprès, profès,* font au féminin *nulle, gentille, sotte, vieillotte, paysanne, basse, grasse, grosse, lasse, épaisse, expresse, professe. Tiers* fait *tierce.*

130. *Septième Exception.* — Les adjectifs *beau, nouveau, fou, mou,* font au féminin *belle, nouvelle, folle, molle.* Ces mêmes adjectifs, ainsi que *vieux,* font *bel, nouvel, fol, mol, vieil,* devant un mot masculin singulier qui commence par une *voyelle* ou une *h* muette : *bel oiseau, bel homme, nouvel appartement.*

131. *Huitième Exception.*—Les adjectifs en *eur,* qui dérivent d'un participe présent, font *euse* au féminin : *trompeur, trompeuse ; parleur, parleuse.*

132. *Neuvième Exception.*—Les adjectifs en *teur*

qui dérivent d'un participe présent, font *teuse* au féminin : *chanteur, chanteuse.* Excepté *exécuteur, inspecteur, inventeur, persécuteur, enchanteur,* qui font *exécutrice, inspectrice, inventrice, persécutrice, enchanteresse.*

133. *Dixième Exception.*—Les adjectifs en *teur,* qui ne dérivent pas d'un participe présent, font leur féminin en *trice* : *protecteur, protectrice.*

134. *Onzième Exception.* — Les adjectifs en *eur* qui expriment un état particulièrement exercé par les hommes, ne changent pas au féminin ; tels sont, *auteur, imprimeur, etc.*

135. *Douxième Exception.*—Les adjectifs en *érieur* prennent un *e* muet au féminin *antérieur, antérieure ; inférieur, inférieure.* Il en est de même de *meilleur, majeur, mineur.*

136. *Treizième Exception.*—*Favori, coi,* font *favorite, coïte. Chatain, fat, dispos,* ne s'emploient qu'au masculin. *Témoin,* sert pour les deux genres.

FORMATION DU PLURIEL DANS LES ADJECTIFS.

137. Règle Générale.—Le pluriel dans les adjectifs se forme comme dans les noms, en ajoutant une *s* au singulier : *bon, bons.* Il y a des exceptions.

138. *Première Exception.*—Les adjectifs terminés au singulier par *s, x,* ne changent pas de terminaison au pluriel masculin ; tels sont : *gris, épais, jaloux.*

138 bis. *Deuxième Exception.*—Les adjectifs terminés au singulier par *au,* forment le pluriel par l'addition d'un *x* : *beau, beaux, nouveau, nouveaux.*

139. *Troisième Exception.* — La plupart des adjectifs terminés au singulier par *al,* forment leur pluriel par le changement de *al* en *aux* : *égal, égaux ; original, originaux.* Excepté *fatal, final, glacial, initial, nasal, pascal, labial, frugal, pénal, théâtral,* etc., qui prennent *s,* en suivant la règle générale.

140. *Bénéficial, canonial, diagonal, diamétral, expérimental, instrumental, médicinal, mental, patronal, virginal, vocal, zodiacal,* n'ont pas encore été employés au pluriel masculin, par là raison, sans doute, qu'ils n'accompagnent que des substantifs féminins : *ligne diagonale, plante médicinale, fête patronale, etc.*

DES ADJECTIFS DÉTERMINATIFS.

141. *Ce* se met devant les substantifs masculins singuliers qui commencent par une *consonne* ou une *h* aspirée : *ce village, ce hameau.*

142. *Cet,* se met devant les substantifs masculins singuliers qui commencent par une *voyelle* ou une *h* muette : *cet enfant, cet homme.*

143. *Cette,* se met devant les substantifs féminins singuliers : *cette femme, cette amitié, cette haine, cette histoire.*

144. *Ces,* se met devant tous les substantifs pluriels des deux genres : *ces hommes, ces femmes.*

145. *Mon, ton, son,* se mettent devant les substantifs masculins singuliers : *mon papier, ton carton, son canif.*

146. *Ma, ta, sa,* se mettent devant les substantifs féminins singuliers : *ma plume, ta place, sa maison.*

147. REMARQUE.—Pour la douceur de la prononciation, on emploie *mon, ton, son,* au lieu de *ma, ta, sa,* quand le mot suivant commence par une *voyelle* ou une *h* muette. Ainsi, on dit : *mon âme, ton humeur, son amitié,* pour *ma âme, ta humeur, sa amitié.*

148. *Notre, votre, leur,* se mettent devant tous les substantifs singuliers : *notre maison, votre château, leur prairie.*

149. *Mes, tes, ses, nos, vos, leurs,* se mettent devant tous les substantifs pluriels : *mes frères, tes sœurs, leurs maisons.*

150. *Aucun, quel, certain, maint,* font au féminin

aucune, quelle, certaine, mainte. Plusieurs, toujours pluriel, sert pour les deux genres. *F,* dans *neuf,* se change en *v* dans *neuvième.*

ACCORD DE L'ADJECTIF AVEC LE SUBSTANTIF.

151. L'adjectif s'accorde en genre et en nombre avec le substantif ou le pronom qu'il qualifie : *un fils chéri, une fille chérie, des fils chéris, des filles chéries.*

152. Quand l'adjectif se rapporte à plusieurs noms ou à plusieurs pronoms du même genre, il se met au pluriel et au même genre que ces noms ou ces pronoms : *le père et le fils estimés ; la mère et la fille estimées.*

153. Quand l'adjectif se rapporte à plusieurs noms ou à plusieurs pronoms de différents genres, il se met au pluriel masculin : *le père et la mère sont bons.* Mais dans ce cas, il faut observer que si l'adjectif a une terminaison particulière pour chaque genre, comme *blanc,* qui fait *blanche,* on doit énoncer le substantif masculin le dernier. Ainsi on dira : *une robe et un habit blancs,* et non pas : *un habit et une robe blancs.*

EXERCICES
SUR LES ADJECTIFS QUALIFICATIFS.

L'élève mettra au féminin les adjectifs suivants.

123-124. Grand, profond, petit, plat, noir, aimable, pointu, joli, vert, honnête, patient, droit, gourmand, camard, laid, sensible, vrai, poli, gai, bleu, ingrat, facile, transparent, docile.

125. Mortel, véniel, spirituel, immortel, secret, complet, bon, fripon, discret, douillet, pareil, inquiet, mignon, formel, glouton, net, essentiel, solennel, muet, concret, replet.

126. Craintif, maladif, expéditif, natif, captif, attentif, hâtif, communicatif, portatif.

127. Doux, généreux, honteux, jaloux, roux, paresseux, peureux, vieux, ennuyeux, pieux, laborieux, préfix.

128. Caduc, turc, grec, long, oblong, bénin, malin, blanc, franc, sec, frais, public.

129. Gras, gentil, sot, vieillot, exprès, paysan, profès, épais.

130. Beau, fou, nouveau, mou, un beau homme, un fou espoir, un mou abandon, un nouveau appartement.

131, 132, 133, 134. Trompeur, flatteur, littérateur, menteur, joûteur, danseur, porteur, inspecteur, inventeur, accusateur, lecteur, disputeur, directeur, acteur.

135, 136. Postérieur, favori, mineur, inférieur, châtain, majeur, fat, antérieur, supérieur, coi, témoin.

L'élève mettra au pluriel les adjectifs suivants.

137. Bon, grand, jolie, agréable, petit, habile, vrai, petite, honnête, aimable, grasse, avare, indulgent, utile, fausse, intraitable, admirable, ancien, franc, excessive.

138. Mauvais, frais, doux, vieux, heureux, épais, désireux, courageux, jaloux, faux, pervers, paresseux, gris, roux, préfix, dispos, divers, curieux, honteux.

138 bis. Beau, nouveau, jumeau.

139. Moral, national, fatal, loyal, amical, final, principal, glacial, initial, méridional, conjugal, natal, naval, général, spécial, pascal, original, conjugal, numéral, royal.

SUR LES ADJECTIFS DÉTERMINATIFS.

L'élève mettra ce, cet, cette ou ces devant les substantifs ci-après, suivant le genre, le nombre et les initiales (*).

141, 142, 143, 144. Maison, f. s. — Livre, s. m.— Table, s. f.—Château, s. m.—Hameau, s. m.—Homme, s. m. — Femmes, pl. f.—Chevaux, pl. m.—Poules, pl. f.—Règle, s. f.—Habitude, s. f.—Hanneton, s. m.—Hérissons, pl. mas.—Eloges, pl. m.—Hameçon, s. m.

(*) Les initiales placées après chaque substantif en indiquent le genre et le nombre.

L'élève mettra les adjectifs possessifs devant les substantifs ci-après, suivant le genre, le nombre et les initiales (*).

145, 146, 147, 148, 149. Livres, *pl. m.*—Maison, *s. f.*—Jardin, *s. m.*—Manteau, *s. m.*—Cour, *s. f.*—Chevaux, *pl. m.* — Vaches, *pl. f.*—Ecurie, *s. f.*—Drapeaux, *pl. m.*—Arbre, *s. m.*—Tables, *pl. f.*—Humeur, *s. f.*—Haie, *s. f.*—Forêt, *s. f.*

SUR L'ACCORD DE L'ADJECTIF AVEC LE SUBSTANTIF.

151. Un homme prudent, des hommes prudent. Un fils ingrat, des fils ingrat. Un papier perdu, des papiers perdu. Du vin pur, de l'eau pur. Un habit usé, une veste usé. Un chien noir, une poule noir. Un cheval brun, une jument brun. Un livre curieux, une histoire curieux. Une cerise mur, des cerises mur.

152. Le père et le fils estimé. La mère et la fille estimé. Le jardin et le verger inondé. La cour et la prairie inondé. La table et les bouteilles renversé. La porte et la fenêtre ouvert.

153. Les cheveux et la barbe noir. Le mari et la femme malade. Un chapeau et une cravate blanc. Le cousin et la cousine joli. Le frère et la sœur aimable. Du vin et de l'eau fraîche. Le cheval et la jument perdu. Le blé et l'avoine moulu.

RÉCAPITULATION

Sur le genre, le nombre et l'accord de l'adjectif avec le substantif.

Des enfants ingrat. Du pain et de la viande fraîches. Cet jeune fille est attentif. Un nouveau appartement. Le blanc est sa couleur favori. La bonté et la puissance de Dieu sont infini. La noblesse, la grandeur, la faveur et les richesses sont caduc ; mais la gloire, l'honneur, le bon naturel, et la vertu sont solide, sûr et durable. La nature a pour les âmes sensible un charme et une beauté toujours nouvelles. Les meilleur remèdes sont toujours amer, et les antidotes sont moins agréable au goût que les poisons. Voilà les plus beau chevaux

---

(*) Les initiales placées après chaque substantif en indiquent le genre et nombre.

de notre écurie. Deux poids égals. La religion veille
sur les crimes privé ; les lois veillent sur les crimes
publiques. Le peuple a toujours les yeux et les oreilles
ouvertes pour découvrir les défauts des grands. J'ai
un cheval et une jument blanches. Les hommes
confiant et généreux sont généralement humain, tendre
et bienfaisant. Un homme et une femme caduques.
Nous imitons les bonnes actions par émulation et les
mauvaise par notre malice naturel, que le respect humain tenait captif, et que l'exemple met en liberté.
Les mortels naissent égal ; c'est la vertu et le mérite
qui les rendent différent. La vieillesse est pensif, craintif, attentif, à tout ce qui peut menacer son existence.
L'adversité qui paraît si cruel est souvent une heureux
école.

RÉCAPITULATION

Sur le substantif et l'adjectif.

Voyez ces plages déserts, ces tristes contrée couverts d'une mousse épais ou hérissés de bois pourri ;
ces arbres couvert de plantes parasite, chargé de fruits
gâté et d'un goût amère. Dans les partie bas de ces
triste région, se trouvent des eau croupissants, des
torrent fangeux, des marécage fétide. Des animals car-
nassier, des serpent vénimeux, des reptile hideu sont
les seul habitant de ces malheureux pays où l'homme
intelligent n'habita jamais. La chétif pécore s'enfla si
fort qu'elle creva. On estime les personne discrets.
Cette ouvrage est plein de pensées fin et malin. Le pro-
verbe : Tel père, tel fils, et tel mère, tel fille, n'est
pas d'une vérité général et absolu. Le tigre et la hyène
sont cruel. Cet histoire est instructif. Celui qui a
porté atteinte à la tranquillité et à la félicité public ne
doit pas s'attendre à une vie doux et heureux. Le ca-
lomniateur est la plus cruel des bêtes féroce, et le flatteurs, la plus dangereux des bête privé. Les drapeau
flottaient sur les édifices publiques. Pour traiter avan-
tageusement les mals du corps, il faut en connaître les
cause. Ce village est composé de quatre hameau ren-
fermant ensemble trois cents feu.

CHAPITRE QUATRIÈME.

DU PRONOM.

154. Le *pronom* est toujours du même genre et du même nombre que le substantif auquel il se rapporte :

L'homme auquel je parle ;
La femme à laquelle je parle ;
Les hommes auxquels je parle ;
Les femmes auxquelles je parle.

Dans le premier exemple, *auquel* est au masculin singulier, parce qu'il se rapporte à *homme* qui est du masculin singulier ; dans le deuxième, il faut *à laquelle*, parce que ce pronom se rapporte à *femme* qui est du féminin singulier ; dans le troisième, il faut *auxquels*, parce que ce pronom se rapporte à *hommes* qui est du masculin pluriel ; enfin dans le quatrième, il faut *auxquelles*, parce que ce pronom se rapporte à *femmes* qui est du féminin pluriel.

155. *Leur*, pronom, signifie *à eux, à elles* et ne prend jamais d's à la fin : *ces enfants ont été sages, je leur donnerai un prix*, et non pas : *je leurs donnerai, etc.*

156. On met un accent circonflexe sur ô de *nôtre, vôtre*, pronoms possessifs, pour les distinguer de *notre, votre*, adjectifs possessifs. On met aussi un accent grave sur *ù* de *où*, pronom relatif.

157. Quand le mot qui suit les pronoms *je, me, te, se, le, la*, commence par une *voyelle* ou une *h* muette, on remplace les lettres *e, a*, par une apostrophe : *j'arrive, vous m'honorez, il s'avance*, pour *je arrive, vous me honorez, il se avance*.

EXERCICES

SUR LES PRONOMS.

†54. Les hommes auquel j'ai parlé. Lorsque j'ai

vu ces dames, ils étaient indisposées. C'est une affaire
auquel il s'intéresse beaucoup. Les personnes auquels
il s'est adressé, ont refusé de le défendre. Le général à laquelle on a confié le commandement de l'armée, a trahi ; on dit même qu'elle s'est tué de repen-
tir.

155. Si ces enfans sont sages, je leurs donnerai
des récompenses. Si vous les voyez, parlez-leurs en
maître. Je leurs parlerai de leurs affaires.

156. Votre demeure est plus commode que la
notre. Ma maison est mieux bâtie que la votre. Vos
troupes sont mieux disciplinées que les notres.

157. Je me abandonne, je étudierai, il se estime,
ils se avancent vers l'ennemi et le attaquent. Vous me
honorez, vous le obligerez.

RÉCAPITULATION SUR LES PRONOMS.

Leurs affaires sont plus embrouillées qu'on ne le
pense, ce qui a fait que je n'ai pu leurs donner une ré-
pense satisfaisante. Est-ce votre humeur ou la sienne
qui vous empêche de vivre ensemble, si c'est la votre, il
est de votre devoir de lui parler le premier. La personne auquel j'ai écrit hier, ne réside plus à Paris.
Laquelle préférez-vous de ces trois livres ? je voudrais
voir les vôtres auparavant. Cette personne est extraor-
dinaire, il s'est laissé humilier sans se défendre. Je
n'ai plus revu les marchands auquel j'ai prêté de l'argent. Ils se aiment trop pour que je espère.

RÉCAPITULATION SUR LE SUBSTANTIF, L'ADJECTIF ET LE PRONOM.

Ces côteau sont couverts d'arbres chargé de fruits
déjà mur. Un clair ruisseau roule ses eau limpide au milieu des prairie émaillé de fleurs. Mon frère et ma sœur
sont attentives aux leçon de leurs maîtres. Les personnes auquel il s'est adressé ont refusé de l'entendre.
De ces deux pommes, celui-ci est le meilleur. Laquelle
aimez-vous mieux de ces tableaux ? je préfère celle-là.
Les grand phénomène de la nature annoncent une
puissance et une intelligence surnaturel. L'Evangile

est ma lecture favorit. Mes chevals ne valent pas les votre. Bien des physionomie sont trompeur. Il a planté des chou. Une âme noble est toujours sincère et franc. Toutes les vérités qui lui sont connues il les rend public quand il juge qu'ils sont bon et utile. Cet femme s'est rendue accusateur, parce qu'elle est vindicatif. Les tournois étaient des jeux royals. La maladie marche sur les pas de l'intempérance, et la pauvreté sur celles de la sagesse.

CHAPITRE CINQUIÈME.

DU VERBE.

Verbe auxiliaire AVOIR.

INDICATIF. PRÉSENT.

J'ai.
Tu as.
Il ou elle a.
Nous avons.
Vous avez.
Ils ou elles ont.

IMPARFAIT.

J'avais.
Tu avais.
Il ou elle avait.
Nous avions.
Vous aviez.
Ils ou elles avaient.

PASSÉ DÉFINI.

J'eus.
Tu eus.
Il ou elle eut.
Nous eûmes,
Vous eûtes.
Ils ou elles eurent.

PASSÉ INDÉFINI.

J'ai eu.
Tu as eu.
Il ou elle a eu.

Nous avons eu.
Vous avez eu.
Ils ou elles ont eu.

PASSÉ ANTÉRIEUR.

J'eus eu.
Tu eus eu.
Il ou elle eut eu.
Nous eûmes eu.
Vous eûtes eu.
Ils ou elles eurent eu.

PLUS-QUE-PARFAIT.

J'avais eu.
Tu avais eu.
Il ou elle avait eu.
Nous avions eu.
Vous aviez eu.
Ils ou elles avaient eu.

FUTUR ABSOLU.

J'aurai.
Tu auras.
Il ou elle aura.
Nous aurons.
Vous aurez.
Ils ou elles auront.

FUTUR ANTÉRIEUR.

J'aurai eu.
Tu auras eu.
Il ou elle aura eu.
Nous aurons eu.
Vous aurez eu.
Ils ou elles auront eu.

CONDITIONNEL PRÉSENT.

J'aurais.
Tu aurais.
Il ou elle aurait.
Nous aurions.
Vous auriez.
Ils ou elles auraient.

PASSÉ.

J'aurais eu.
Tu aurais eu.
Il ou elle aurait eu.
Nous aurions eu.
Vous auriez eu.
Ils ou elles auraient eu.

On dit aussi :

J'eusse eu.
Tu eusses eu.
Il ou elle eût eu.
Nous eussions eu.
Vous eussiez eu.
Ils ou elles eussent eu.

IMPÉRATIF.

Point de première personne du singulier ni de troisième pour les deux nombres.
Aie.
Ayons.
Ayez.

SUBJONCTIF. PRÉSENT OU FUTUR.

Que j'aie.
Que tu aies.
Qu'il ou qu'elle ait.
Que nous ayons.
Que vous ayez.
Qu'ils ou qu'elles aient.

IMPARFAIT.

Que j'eusse.
Que tu eusses.
Qu'il ou qu'elle eût.
Que nous eussions.
Que vous eussiez.
Qu'ils ou qu'elles eussent.

PASSÉ.

Que j'aie eu.
Que tu aies eu.
Qu'il ou qu'elle ait eu.
Que nous ayons eu.
Que vous ayez eu.
Qu'ils ou qu'elles aient eu.

PLUS-QUE-PARFAIT.

Que j'eusse eu.
Que tu eusses eu.
Qu'il ou qu'elle eût eu.
Que nous eussions eu.
Que vous eussiez eu.
Qu'ils ou qu'elles eussent eu.

INFINITIF PRÉSENT.

Avoir.

PASSÉ.

Avoir eu.

PARTICIPE PRÉSENT.

Ayant.

PASSÉ.

Eu, ayant eu.

Verbe auxiliaire ÊTRE.

INDICATIF. PRÉSENT.

Je suis.
Tu es.
Il ou elle est.
Nous sommes.
Vous êtes.
Ils ou elles sont.

IMPARFAIT.

J'étais.
Tu étais.
Il ou elle était.
Nous étions.
Vous étiez.
Ils ou elles étaient.

PASSÉ DÉFINI.

Je fus.
Tu fus.
Il ou elle fut.
Nous fûmes.
Vous fûtes.
Ils ou elles furent.

PASSÉ INDÉFINI.

J'ai été.
Tu as été.
Il ou elle a été.
Nous avons été.
Vous avez été.
Ils ou elles ont été.

PASSÉ ANTÉRIEUR.

J'eus été
Tu eus été.
Il ou elle eût été.
Nous eûmes été.
Vous eûtes été.
Ils ou elles eurent été.

PLUS-QUE-PARFAIT.

J'avais été.
Tu avais été.
Il ou elle avait été.
Nous avions été.
Vous aviez été.
Ils ou elles avaient été.

FUTUR,

Je serai.
Tu seras.
Il ou elle sera.
Nous serons.
Vous serez.
Ils ou elles seront.

FUTUR ANTÉRIEUR.

J'aurai été.
Tu auras été.
Il ou elle aura été,
Nous aurons été.

Vous aurez été.
Ils ou elles auront été.

CONDITIONNEL PRÉSENT.

Je serais.
Tu serais.
Il ou elle serait.
Nous serions.
Vous seriez.
Ils ou elles seraient.

PASSÉ.

J'aurais été.
Tu aurais été.
Il ou elle aurait été.
Nous aurions été.
Vous auriez été.
Ils ou elles auraient été.

On dit aussi :

J'eusse été.
Tu eusses été.
Il ou elle eût été.
Nous eussions été.
Vous eussiez été.
Ils ou elles eussent été.

IMPÉRATIF.

Point de première personne du singulier ni de troisième pour les deux nombres.

Sois.
Soyons.
Soyez.

SUBJONCTIF. PRÉSENT OU FUTUR.

Que je sois.
Que tu sois.
Qu'il ou qu'elle soit.
Que nous soyons.
Que vous soyez.
Qu'ils ou qu'elles soient.

IMPARFAIT.

Que je fusse.
Que tu fusses.
Qu'il ou qu'elle fût.
Que nous fussions.
Que vous fussiez.
Qu'ils ou qu'elles fussent.

3

PASSÉ.

Que j'aie été.
Que tu aies été.
Qu'il ou qu'elle ait été.
Que nous ayons été.
Que vous ayez été.
Qu'ils ou qu'elles aient été.

PLUS-QUE-PARFAIT

Que j'eusse été.
Que tu eusses été.
Qu'il ou qu'elle eût été.
Que nous eussions été.

Que vous eussiez été.
Qu'ils ou qu'elles eussent été.

INFINITIF. PRÉSENT.

Être.

PASSÉ.

Avoir été.

PARTICIPE. PRÉSENT.

Étant.

PASSÉ.

Été, ayant été.

ORTHOGRAPHE DES VERBES.

PRÉSENT DE L'INDICATIF.

158. Si la première personne du singulier finit par un *e, j'aime, j'ouvre, etc.*, on ajoute un *s* à la seconde ; la troisième est semblable à la première. Ex. *j'aime, tu aimes, il aime.*

159. Si la première personne finit par *s* ou *x*, la seconde est semblable à la première ; la troisième finit ordinairement en *t* : *je finis, tu finis, il finit ; je veux, tu veux, il veut.* Il y a quelques verbes cependant dont la troisième personne finit en *d* : *il rend, il vend, il prétend.*

160. Les trois personnes plurielles dans toutes les conjugaisons se terminent toujours ainsi : *ons, ez, ent* : *nous aimons, vous aimez, ils aiment ; nous finissons, vous finissez, ils finissent.*

161. Sont exceptés : *faire* et ses composés, qui font *faites* à la seconde personne du pluriel ; les verbes *dire* et *redire* font : vous *dites*, vous *redites ;* les autres composés de *dire* sont réguliers à cette personne.

IMPARFAIT DE L'INDICATIF.

162. L'imparfait de l'indicatif se termine toujours ainsi : *ais, ais, ait, ions, iez, aient* : *j'aimais, tu aimais, il aimait, nous aimions, vous aimiez, ils aimaient ; je finissais, tu finissais, etc.*

PASSÉ DÉFINI.

163. Le passé défini a quatre terminaisons, *ai,
is, us, ins : j'aimai, je finis, je reçus, je devins.*

FUTUR.

164. Le futur se termine toujours ainsi : *rai, ras,
ra, rons. rez, ront : j'aimerai, tu aimeras, il aimera,
nous aimerons, vous aimerez, ils aimeront ; je finirai,
tu finiras, il finira, etc.; je recevrai, tu recevras, il
recevra, etc.; je rendrai, tu rendras, il rendra, etc.*

CONDITIONNEL PRÉSENT.

165 Le conditionnel présent se termine toujours
ainsi : *rais, rais, rait, rions, riez, raient : j'aimerais,
tu aimerais, il aimerait, nous aimerions, vous aimeriez, ils aimeraient ; je finirais, tu finirais, il finirait,
etc.; je recevrais, tu recevrais, il recevrait, etc. ; je
rendrais, tu rendrais, il rendrait, etc.*

IMPÉRATIF.

166. La seconde personne du singulier de l'impératif est semblable à la première de l'indicatif :
j'aime, imp. *aime ; je finis,* imp. *finis ; je reçois,*
imp. *reçois ; je rends,* imp. *rends.* Sont exceptés
les verbes *aller, avoir, être, savoir,* qui font *va,
aie, sois, sache.*

167. REMARQUE. — Si la seconde personne de
l'impératif est terminée par un *e* muet, on ajoute un
s si ce verbe est suivi de l'un des pronoms *en, y :
donnes-en ; apportes-y tes soins.* Il en est de même
du verbe *aller : vas-y donner ordre.* On écrit : *va-
t'en,* lorsqu'il s'agit du verbe *s'en aller.*

PRÉSENT DU SUBJONCTIF.

168. Le présent du subjonctif se termine toujours
ainsi : *e, es, e, ions, iez, ent : que j'aime, que tu aimes,
qu'il aime, que nous aimions, que vous aimiez, qu'ils
aiment ; que je finisse, que tu finisses, qu'il finisse, etc.*

IMPARFAIT DU SUBJONCTIF.

169. L'imparfait du subjonctif a quatre terminaisons: *asse, isse, usse, insse: que j'aimasse, que tu aimasses, qu'il aimât, etc.; que je finisse, que tu finisses, qu'il finît, etc.; que je reçusse, que tu reçusses, qu'il reçût, etc.; que je devinsse, que tu devinsses, qu'il devint, etc.*

Première conjugaison en ER.

INDICATIF. PRÉSENT.

J'aime.
Tu aimes.
Il aime.
Nous aimons.
Vous aimez.
Ils aiment.

IMPARFAIT.

J'aimais.
Tu aimais.
Il aimait.
Nous aimions.
Vous aimiez.
Ils aimaient.

PASSÉ DÉFINI.

J'aimai.
Tu aimas.
Il aima.
Nous aimâmes.
Vous aimâtes.
Ils aimèrent.

PASSÉ INDÉFINI.

J'ai aimé.
Tu as aimé.
Il a aimé.
Nous avons aimé.
Vous avez aimé.
Ils ont aimé.

PASSÉ ANTÉRIEUR.

J'eus aimé.
Tu eus aimé.
Il eut aimé.
Nous cûmes aimé.

Vous eûtes aimé.
Ils eurent aimé.

PLUS-QUE-PARFAIT.

J'avais aimé.
Tu avais aimé.
Il avait aimé.
Nous avions aimé.
Vous aviez aimé.
Ils avaient aimé.

FUTUR.

J'aimerai
Tu aimeras.
Il aimera.
Nous aimerons.
Vous aimerez.
Ils aimeront.

FUTUR ANTÉRIEUR.

J'aurai aimé.
Tu auras aimé.
Il aura aimé.
Nous aurons aimé.
Vous aurez aimé.
Ils auront aimé.

CONDITIONNEL. PRÉSENT.

J'aimerais.
Tu aimerais.
Il aimerait.
Nous aimerions.
Vous aimeriez.
Ils aimeraient.

PASSÉ.

J'aurais aimé.
Tu aurais aimé.

Il aurait aimé.
Nous aurions aimé.
Vous auriez aimé.
Ils auraient aimé.

On dit aussi :

J'eusse aimé.
Tu eusses aimé.
Il eût aimé.
Nous eussions aimé.
Vous eussiez aimé.
Ils eussent aimé.

IMPÉRATIF.

Point de première personne du singulier ni de troisième pour les deux nombres.

Aime.
Aimons.
Aimez.

SUBJONCTIF. PRÉSENT OU FUTUR.

Que j'aime.
Que tu aimes.
Qu'il aime.
Que nous aimions.
Que vous aimiez.
Qu'ils aiment.

IMPARFAIT.

Que j'aimasse.

Que tu aimasses.
Qu'il aimât.
Que nous aimassions.
Que vous aimassiez.
Qu'ils aimassent.

PASSÉ.

Que j'aie aimé.
Que tu aies aimé.
Qu'il ait aimé.
Que nous ayons aimé.
Que vous ayez aimé.
Qu'ils aient aimé.

PLUS-QUE-PARFAIT.

Que j'eusse aimé.
Que tu eusses aimé.
Qu'il eût aimé.
Que nous eussions aimé.
Que vous eussiez aimé.
Qu'ils eussent aimé.

INFINITIF. PRÉSENT.

Aimer.

PASSÉ.

Avoir aimé.

PARTICIPE. PRÉSENT.

Aimant.

PASSÉ.

Aimé, aimée, ayant aimé.

REMARQUES SUR QUELQUES VERBES DE LA PREMIÈRE CONJUGAISON.

170. Dans les verbes terminés à l'infinitif par *ger*, comme *manger, partager*, le *g* doit toujours être suivi d'un *e* muet devant les voyelles *a, o*, afin d'en adoucir la prononciation : *nous mangeons, il partagea,* etc.

171. Dans les verbes terminés à l'infinitif par *cer*, comme *menacer, placer*, on met une cédile sous le *ç* devant les voyelles *a, o*, afin de lui donner le son de l'*s* : *nous menaçons, il plaçait.*

172. Dans les verbes terminés à l'infinitif par *er*, et dont la dernière syllabe est précédée d'un *e* muet, comme *lever, promener,* etc., on change cet *e* muet en *e* ouvert devant une syllabe muette : *lever, je lève* ; *promener, je promène*.

173. Dans les verbes terminés à l'infinitif par *eler,* ou *eter,* comme *appeler, projeter,* on double les consonnes *l* et *t* devant un *e* muet : *appeler, j'appelle* ; *projeter, je projette.* Sont exceptés *acheter, bourreler, déceler, geler, harceler, peler,* qui changent l'e muet en *e* ouvert : *j'achète, tu bourrèles, il décèle,* etc.

174. Dans les verbes terminés à l'infinitif par *éler, éter,* on change l'*e* fermé en *e* ouvert devant une syllabe muette : *céler, je cèle* ; *empiéter, j'empiète.*

175. Dans les verbes terminés à l'infinitif par *yer* ou *ier* et qui font *yant, iant* au participe présent, comme *ployer, prier,* on ajoute un *i* à la première et à la seconde personne du pluriel de l'imparfait de l'indicatif et du présent du subjonctif : *nous ployions, vous priiez* ; *que nous ployions, que vous priiez.* Cette règle s'applique à tous les verbes dont le participe présent fait *yant, iant,* même dans les trois autres conjugaisons.

176. Dans les verbes terminés à l'infinitif par *yer,* comme *payer, ployer,* on change l'*y* en *i* devant un *e* muet : *je paie, tu ploies.* (*)

177. Dans les verbes terminés à l'infinitif par *éer,* comme *créer, agréer,* on conserve les deux *e* à toutes les personnes : *je crée, je créerais.* Excepté devant les voyelles *a, i, o,* où l'on en perd un : *je créais, nous agréons.* Au participe passé féminin on en met trois : *une proposition agréée.*

(*) D'après l'Académie, l'y peut être employé dans toute la conjugaison des verbes en *ayer* : *je paye, tu payes.*

Deuxième conjugaison en IR.

INDICATIF. PRÉSENT.

Je finis.
Tu finis.
Il finit.
Nous finissons.
Vous finissez.
Ils finissent.

IMPARFAIT.

Je finissais.
Tu finissais.
Il finissait.
Nous finissions.
Vous finissiez
Ils finissaient.

PASSÉ DÉFINI.

Je finis.
Tu finis.
Il finit.
Nous finîmes,
Vous finîtes.
Ils finirent.

PASSÉ INDÉFINI.

J'ai fini.
Tu as fini.
Il a fini,
Nous avons fini.
Vous avez fini.
Ils ont fini.

PASSÉ ANTÉRIEUR.

J'eus fini,
Tu eus fini.
Il eut fini.
Nous cûmes fini.
Vous cûtes fini.
Ils eurent fini.

PLUS-QUE-PARFAIT.

J'avais fini.
Tu avais fini.
Il avait fini.
Nous avions fini.

Vous aviez fini.
Ils avaient fini.

FUTUR.

Je finirai.
Tu finiras.
Il finira.
Nous finirons.
Vous finirez.
Ils finiront.

FUTUR ANTÉRIEUR.

J'aurai fini.
Tu auras fini.
Il aura fini.
Nous aurons fini.
Vous aurez fini.
Ils auront fini.

CONDITIONNEL. PRÉSENT.

Je finirais.
Tu finirais.
Il finirait.
Nous finirions.
Vous finiriez.
Ils finiraient.

PASSÉ.

J'aurais fini,
Tu aurais fini.
Il aurait fini.
Nous aurions fini.
Vous auriez fini.
Ils auraient fini.

On dit aussi :

J'eusse fini.
Tu eusses fini.
Il eût fini.
Nous eussions fini.
Vous eussiez fini.
Ils eussent fini.

IMPÉRATIF.

Point de première personne du

singulier ni de troisième pour les deux nombres.

Finis.
Finissons.
Finissez.

SUBJONCTIF. PRÉSENT
OU FUTUR.

Que je finisse.
Que tu finisses.
Qu'il finisse.
Que nous finissions.
Que vous finissiez.
Qu'ils finissent.

IMPARFAIT.

Que je finisse.
Que tu finisses.
Qu'il finît.
Que nous finissions.
Que vous finissiez.
Qu'ils finissent.

PASSÉ.

Que j'aie fini.

Que tu aies fini.
Qu'il ait fini.
Que nous ayons fini.
Que vous ayez fini.
Qu'ils aient fini.

PLUS-QUE-PARFAIT.

Que j'eusse fini.
Que tu eusses fini.
Qu'il eût fini.
Que nous eussions fini.
Que vous eussiez fini.
Qu'ils eussent fini.

INFINITIF. PRÉSENT.

Finir.

PASSÉ.

Avoir fini.

PARTICIPE. PRÉSENT.

Finissant.

PASSÉ.

Fini, finie, ayant fini.

REMARQUES SUR QUELQUES VERBES DE LA SECONDE CONJUGAISON.

178. *Bénir* a deux participes passés : *bénit, bénite,* pour les choses consacrées par une cérémonie religieuse : *du pain bénit, de l'eau bénite ;* et *béni, bénie,* pour toutes les autres significations du verbe : *peuple béni de Dieu; famille bénie du ciel.*

179. *Haïr* prend deux points sur l'*ï* dans toute la conjugaison, excepté aux trois personnes du singulier du présent de l'indicatif : *je hais, tu hais, il hait*; et à la seconde personne du singulier de l'impératif : *hais.*

180. *Fleurir,* au propre, fait *fleurissait* à l'imparfait, et *fleurissant* au participe présent. Au figuré, c'est-à-dire en parlant des sciences, de la prospérité d'un état, il fait *florissait, florissant : les arts florissaient ; un état florissant.*

Troisième conjugaison en OIR.

INDICATIF. PRÉSENT.

Je reçois.
Te reçois.
Il reçoit.
Nous recevons.
Vous recevez.
Ils reçoivent.

IMPARFAIT.

Je recevais.
Tu recevais.
Il recevait.
Nous recevions.
Vous receviez.
Ils recevaient.

PASSÉ DÉFINI.

Je reçus.
Tu reçus.
Il reçut.
Nous reçûmes.
Vous reçûtes.
Ils reçurent.

PASSÉ INDÉFINI.

J'ai reçu.
Tu as reçu.
Il a reçu
Nous avons reçu.
Vous avez reçu.
Ils ont reçu.

PASSÉ ANTÉRIEUR.

J'eus reçu.
Tu eus reçu.
Il eut reçu.
Nous eûmes reçu.
Vous eûtes reçu.
Ils eurent reçu.

PLUS-QUE-PARFAIT.

J'avais reçu.
Tu avais reçu.
Il avait reçu.
Nous avions reçu.

Vous aviez reçu.
Ils avaient reçu.

FUTUR.

Je recevrai.
Tu recevras.
Il recevra.
Nous recevrons.
Vous recevrez.
Ils recevront.

FUTUR ANTÉRIEUR.

J'aurai reçu.
Tu auras reçu.
Il aura reçu.
Nous aurons reçu.
Vous aurez reçu.
Ils auront reçu.

CONDITIONNEL PRÉSENT.

Je recevrais.
Tu recevrais.
Il recevrait.
Nous recevrions.
Vous recevriez.
Ils recevraient.

PASSÉ.

J'aurais reçu.
Tu aurais reçu.
Il aurait reçu.
Nous aurions reçu.
Vous auriez reçu.
Ils auraient reçu.

On dit aussi :

J'eus reçu.
Tu eusses reçu.
Il eût reçu.
Nous eussions reçu.
Vous eussiez reçu.
Ils eussent reçu.

IMPÉRATIF.

Point de première personne d u

singulier ni de troisième pour les deux nombres.

Reçois.
Recevons.
Recevez.

SUBJONCTIF. PRÉSENT
OU FUTUR.

Que je reçoive.
Que tu reçoives.
Qu'il reçoive.
Que nous recevions.
Que vous receviez.
Qu'ils reçoivent.

IMPARFAIT.

Que je reçusse.
Que tu reçusses.
Qu'il reçût.
Que nous reçussions.
Que vous reçussiez.
Qu'ils reçussent.

PASSÉ.

Que j'aie reçu.

Que tu aies reçu.
Qu'il ait reçu.
Que nous ayons reçu.
Que vous ayez reçu.
Qu'ils aient reçu.

PLUS-QUE-PARFAIT.

Que j'eusse reçu.
Que tu eusses reçu.
Qu'il eût reçu.
Que nous eussions reçu.
Que vous eussiez reçu.
Qu'ils eussent reçu.

INFINITIF. PRÉSENT.

Recevoir.

PASSÉ.

Avoir reçu.

PARTICIPE. PRÉSENT.

Recevant.

PASSÉ.

Reçu, reçue, ayant reçu.

REMARQUES SUR QUELQUES VERBES DE LA TROISIÈME CONJUGAISON.

181. De tous les verbes de cette conjugaison, il n'y a que ceux qui sont terminés à l'infinitif en *evoir* qui se conjuguent sur *recevoir*. On met un accent circonflexe sur *u* de *dú*, *redú*, participes passés masculins des verbes *devoir* et *redevoir*.

Quatrième conjugaison en RE.

INDICATIF. PRÉSENT.

Je rends.
Tu rends.
Il rend.
Nous rendons.
Vous rendez.
Ils rendent.

IMPARFAIT.

Je rendais.
Tu rendais.
Il rendait.
Nous rendions.
Vous rendiez.
Ils rendaient.

PASSÉ DÉFINI.

Je rendis.
Tu rendis.
Il rendit.
Nous rendîmes.
Vous rendîtes.
Ils rendirent.

PASSÉ INDÉFINI.

J'ai rendu.
Tu as rendu.
Il a rendu.
Nous avons rendu.
Vous avez rendu.
Ils ont rendu.

PASSÉ ANTÉRIEUR.

J'eus rendu.
Tu eus rendu.
Il eut rendu.
Nous eûmes rendu.
Vous eûtes rendu.
Ils eurent rendu.

PLUSQUE-PARFAIT.

J'avais rendu.
Tu avais rendu.
Il avait rendu.
Nous avions rendu.
Vous aviez rendu.
Ils avaient rendu.

FUTUR.

Je rendrai.
Tu rendras.
Il rendra.
Nous rendrons.
Vous rendrez.
Ils rendront.

FUTUR ANTÉRIEUR.

J'aurai rendu,
Tu auras rendu.
Il aura rendu.
Nous aurons rendu.
Vous aurez rendu.
Ils auront rendu.

CONDITIONNEL. PRÉSENT.

Je rendrais.
Tu rendrais.
Il rendrait.
Nous rendrions.
Vous rendriez.
Ils rendraient.

PASSÉ.

J'aurais rendu.
Tu aurais rendu.
Il aurait rendu.
Nous aurions rendu.
Vous auriez rendu.
Ils auraient rendu.

On dit aussi :

J'eusse rendu.
Tu eusses rendu.
Il eût rendu.
Nous eussions rendu.
Vous eussiez rendu.
Ils eussent rendu.

IMPÉRATIF.

Point de première personne du singulier ni de troisième pour les deux nombres.

Rends.
Rendons.
Rendez.

SUBJONCTIF. PRÉSENT OU FUTUR.

Que je rende.
Que tu rendes.
Qu'il rende.
Que nous rendions.
Que vous rendiez.
Qu'ils rendent.

IMPARFAIT.

Que je rendisse.
Que tu rendisses.
Qu'il rendît.
Que nous rendissions.
Que vous rendissiez.
Qu'ils rendissent.

PASSÉ.

Que j'aie rendu.

Que tu aies rendu.
Qu'il ait rendu.
Que nous ayons rendu.
Que vous ayez rendu.
Qu'ils aient rendu.

PLUS-QUE-PARFAIT.

Que j'eusse rendu.
Que tu eusses rendu.
Qu'il eût rendu.
Que nous eussions rendu.
Que vous eussiez rendu.
Qu'ils eussent rendu.

INFINITIF. PRÉSENT,

Rendre.

PASSÉ.

Avoir rendu.

PARTICIPE. PRÉSENT.

Rendant.

PASSÉ.

Rendu, rendue, ayant rendu.

REMARQUES SUR QUELQUES VERBES DE LA QUATRIÈME CONJUGAISON.

182. Dans les verbes de cette conjugaison terminés à l'infinitif par *dre*, on met un *d* aux trois personnes du singulier de l'indicatif : *Je rends, tu prends, il vend*, etc. ; excepté dans ceux qui sont terminés par *indre* ou par *soudre*, où on remplace le *d* par *s, s, t : Je peins, tu peins, il peint ; j'absous, tu absous, il absout.*

Verbe conjugué interrogativement.

INDICATIF PRÉSENT.

Aimè-je ?
Aimes-tu ?
Aime-t-il ?
Aimons-nous ?
Aimez-vous ?
Aiment-ils ?

IMPARFAIT.

Aimais-je ?
Aimais-tu ?
Aimait-il ?
Aimions-nous ?
Aimiez-vous ?
Aimaient-ils ?

PASSÉ DÉFINI.

Aimai-je ?
Aimas-tu ?

Aima-t-il ?
Aimâmes-nous ?
Aimâtes-vous ?
Aimèrent-ils ?

PASSÉ INDÉFINI.

Ai-je aimé ?
As-tu aimé ?
A-t-il aimé ?
Avons-nous aimé ?
Avez-vous aimé ?
Ont-ils aimé ?

PLUS-QUE-PARFAIT,

Avais-je aimé ?
Avais-tu aimé ?
Avait-il aimé ?
Avions-nous aimé ?
Aviez-vous aimé ?
Avaient-ils aimé ?

FUTUR.

Aimerai-je ?
Aimeras-tu ?
Aimera-t-il ?
Aimerons-nous ?
Aimerez-vous ?
Aimeront-ils ?

FUTUR ANTÉRIEUR.

Aurai-je aimé ?
Auras-tu aimé ?
Aura-t-il aimé ?
Aurons-nous aimé ?
Aurez-vous aimé ?
Auront-ils aimé ?

CONDITIONNEL PRÉSENT.

Aimerais-je ?
Aimerais-tu ?

Aimerait-il ?
Aimerions-nous ?
Aimeriez-vous ?
Aimeraient-ils ?

PASSÉ.

Aurais-je aimé ?
Aurais-tu aimé ?
Aurait-il aimé ?
Aurions-nous aimé ?
Auriez-vous aimé ?
Auraient-ils aimé ?

On dit aussi :

Eussé-je aimé ?
Eusses-tu aimé ?
Eût-il aimé ?
Eussions-nous aimé ?
Eussiez-vous aimé ?
Eussent-ils aimé ?

183. On voit par ce modèle : 1° que le *passé antérieur* (1), *l'impératif*, les temps du *subjonctif*, et ceux de *l'infinitif*, ne s'emploient pas interrogativement. Il en est de même de la première personne du singulier du présent de *l'indicatif* du verbe *rendre* et de tous ceux qui, à ce temps et à cette personne, n'ont qu'une syllabe. Ainsi, on ne dit pas : *prends-je ? mens-je ?* On donne un autre tour à la phrase : *est-ce que je prends ? est-ce que je mens ?* Cependant l'usage autorise : *fais-je ? dis-je ? dois-je ? vois-je ? ai-je ? suis-je ? vais-je ?*

184. 2° Qu'on met un trait d'union entre le verbe et le sujet, quand le verbe est à un temps simple : *aurais-je ? rendis-je ?* et un trait d'union entre l'auxiliaire et le sujet, si le verbe est à un temps composé : *aurait-il fini ?*

185. 3° Que, quand le verbe finit par une voyelle, on fait précéder le sujet *il*, *elle*, *on*, du *t* euphonique. On appelle ainsi une lettre placée entre deux

---

(1) Quelques verbes s'emploient aussi fort bien sous la forme interrogative au passé antérieur, mais ils sont en petit nombre.

tirets, pour adoucir la prononciation, comme dans *a-t-il? a-t-elle? a-t-on?*

186. 4° Que l'*e muet* qui termine le verbe se change en *e fermé* devant le pronom *je* : *eussè-je aimé.* Pour savoir si l'on doit écrire *aimè-je* ou *aimai-je*, il faut voir si l'on parle d'un temps présent ou d'un temps entièrement passé ; dans le premier cas ; c'est *aimè-je*, qui signifie *est-ce que j'aime maintenant ?* et dans le second cas, c'est *aimai-je*, qui signifie : *est-ce que j'aimai hier, la semaine passée, l'an passé*, etc.

CONJUGAISON DES VERBES PASSIFS.

187. Il n'y a qu'une seule conjugaison pour tous les verbes *passifs ;* elle se fait avec l'auxiliaire *être* dans tous ses temps, et le participe passé du verbe qu'on veut conjuguer passivement.

INDICATIF. PRÉSENT.

Je suis	)	aimé
Tu es		ou
Il ou elle est	)	aimée.
Nous sommes	)	aimés
Vous êtes		ou
Ils ou elles sont	)	aimées.

IMPARFAIT.
J'étais aimé *ou* aimée, etc.

PASSÉ DÉFINI.
Je fus aimé *ou* aimée, etc.

PASSÉ INDÉFINI.
J'ai été aimé *ou* aimée, etc.

PASSÉ ANTÉRIEUR.
J'eus été aimé *ou* aimée, etc.

PLUS-QUE-PARFAIT.
J'avais été aimé *ou* aimée, etc.

FUTUR.
Je serai aimé *ou* aimée, etc.

FUTUR ANTÉRIEUR.
J'aurai été aimé *ou* aimée, etc.

CONDITIONNEL. PRÉSENT.
Je serais aimé *ou* aimée, etc.

PASSÉ.
J'aurais été aimé *ou* aimée, etc.

On dit aussi :

J'eusse été aimé *ou* aimée, etc.

IMPÉRATIF.
Sois aimé *ou* aimée, etc.

SUBJONCTIF. PRÉSENT OU FUTUR.
Que je sois aimé *ou* aimée, etc.

IMPARFAIT.
Que je fusse aimé *ou* aimée, etc.

PASSÉ.
Que j'aie été aimé *ou* aimée, etc.

PLUS-QUE-PARFAIT.

Que j'eusse été aimé *ou* aimée, etc.

INFINITIF. PRÉSENT.

Être aimé *ou* aimée.

PASSÉ.

Avoir été aimé *ou* aimée.

PARTICIPE. PRÉSENT.

Etant aimé *ou* aimée.

PASSÉ.

Ayant été aimé *ou* aimée.

CONJUGAISON DES VERBES NEUTRES.

188. Le verbe *neutre* se conjugue avec *être* ou *avoir*, suivant qu'il marque un état ou une action. Conjugué avec *avoir*, il est en tout conforme aux verbes modèles des quatre conjugaisons; mais conjugué avec *être*, il s'en écarte en ce que dans les temps composés, l'auxiliaire *avoir* est remplacé par l'auxiliaire *être*. Pour donner plus de faciliter, nous allons conjuguer le verbe neutre *partir* qui prend *être* dans ses temps composés.

INDICATIF. PRÉSENT.

Je pars.
Tu pars.
Il part.
Nous partons.
Vous partez.
Ils partent.

IMPARFAIT.

Je partais.
Tu partais.
Il partait.
Nous partions.
Vous partiez.
Ils partaient.

PASSÉ DÉFINI.

Je partis.
Tu partis,
Il partit.
Nous partîmes.
Vous partîtes.
Ils partirent.

PASSÉ INDÉFINI.

Je suis ⎫ parti
Tu es ⎪ *ou*
Il *ou* elle est ⎬ partie.
Nous sommes ⎪ partis
Vous êtes ⎪ *ou*
Ils *ou* elles sont ⎭ parties.

PASSÉ ANTÉRIEUR.

Je fus parti *ou* partie.

PLUS-QUE-PARFAIT.

J'étais parti *ou* partie, etc.

FUTUR.

Je partirai.
Tu partiras.
Il partira.
Nous partirons.
Vous partirez.
Ils partiront.

FUTUR ANTÉRIEUR.

Je serai parti *ou* partie, etc.

CONDITIONNEL. PRÉSENT.

Je partirais.
Tu partirais.
Il partirait.
Nous partirions.
Vous partiriez.
Ils partiraient.

PASSÉ.

Je serais parti *ou* partie, etc.

On dit aussi :

Je fusse parti *ou* partie, etc.

IMPÉRATIF.

Pars.
Partons.
Partez.

SUBJONCTIF. PRÉSENT
OU FUTUR.

Que je parte.
Que tu partes.
Qu'il parte.
Que nous partions.
Que vous partiez.
Qu'ils partent.

IMPARFAIT.

Que je partisse.
Que tu partisses.
Qu'il partît.
Que nous partissions.
Que vous partissiez.
Qu'ils partissent.

PASSÉ.

Que je sois parti *ou* partie
etc.

PLUS-QUE-PARFAIT.

Que je fusse parti *ou* partie,
etc.

INFINITIF. PRÉSENT.

Partir.

PASSÉ.

Etre parti *ou* partie.

PARTICIPE. PRÉSENT.

Partant.

PASSÉ.

Parti, partie, étant parti *ou*
partie.

CONJUGAISON DES VERBES PRONOMINAUX.

189. Les verbes *pronominaux* se conjuguent dans leurs temps simples comme les verbes de la conjugaison à laquelle ils appartiennent. Dans leurs temps composés, ils prennent toujours l'auxiliaire *être*.

Verbe pronominal SE FLATTER.

INDICATIF. PRÉSENT.

Je me flatte.
Tu te flattes.
Il se flatte.
Nous nous flattons.
Vous vous flattez.
Ils se flattent.

IMPARFAIT.

Je me flattais.
Tu te flattais.
Il se flattait.
Nous nous flattions.
Vous vous flattiez
Ils se flattaient.

PASSÉ DÉFINI.

Je me flattai.
Tu te flattais.
Il se flattait.
Nous nous flattâmes.
Vous vous flattâtes.
Ils se flattèrent.

PASSÉ INDÉFINI.

Je me suis ⎫ flatté
Tu t'es ⎬ ou
Il *ou* elle s'est ⎭ flattée.
Nous nous sommes ⎫ flattés
Vous vous êtes ⎬ ou
Ils *ou* elles se sont ⎭ flattées.

PASSÉ ANTÉRIEUR.

Je me fus flatté *ou* flattée, etc.

PLUS-QUE-PARFAIT.

Je m'étais flatté *ou* flattée, etc.

FUTUR.

Je me flatterai.
Tu te flatteras.
Il se flattera.
Nous nous flatterons.
Vous vous flatterez.
Ils se flatteront.

FUTUR ANTÉRIEUR.

Je me serai flatté *ou* flattée, etc.

CONDITIONNEL. PRÉSENT.

Je me flatterais.
Tu te flatterais.
Il se flatterait.
Nous nous flatterions.
Vous vous flatteriez.
Ils se flatteraient.

PASSÉ.

Je me serais flatté *ou* flattée, etc.

On dit aussi :

Je me fusse flatté ou *flattée, etc.*

IMPÉRATIF.

Flatte-toi.
Flattons-nous.
Flattez-vous.

SUBJONCTIF. PRÉSENT OU FUTUR.

Que je me flatte.
Que tu te flattes.
Qu'il se flatte.
Que nous nous flattions.
Que vous vous flattiez.
Qu'ils se flattent.

IMPARFAIT.

Que je me flattasse.
Que tu te flattasses.
Qu'il se flattât.
Que nous nous flattassions.
Que vous vous flattassiez.
Qu'ils se flattassent.

PASSÉ.

Que je me sois flatté *ou* flattée, etc.

PLUS-QUE-PARFAIT.

Que je me fusse flatté *ou* flattée.

INFINITIF. PRÉSENT.

Se flatter.

PASSÉ.

S'être flatté *ou* flattée.

PARTICIPE. PRÉSENT.

Se flattant.

PASSÉ

S'étant flatté *ou* flattée.

CONJUGAISON DES VERBES IMPERSONNELS.

INDICATIF. PRÉSENT.	**PASSÉ.**
Il faut.	Il aurait fallu.
IMPARFAIT.	*On dit aussi :*
Il fallait.	*Il eût fallu.*
PASSÉ DÉFINI.	
Il fallut.	**SUBJONCTIF. PRÉSENT OU FUTUR.**
PASSÉ INDÉFINI.	Qu'il faille.
Il a fallu.	
PASSÉ ANTÉRIEUR.	**IMPARFAIT.**
Il eut fallu.	Qu'il fallût.
PLUS-QUE-PARFAIT.	**PASSÉ.**
Il avait fallu.	Qu'il ait fallu.
FUTUR.	**PLUS-QUE-PARFAIT.**
Il faudra.	Qu'il eût fallu.
FUTUR ANTÉRIEUR.	**INFINITIF. PRÉSENT.**
Il aura fallu.	Falloir.
CONDITIONNEL. PRÉSENT.	**PARTICIPE PASSÉ.**
Il faudrait.	Fallu.

FORMATION DES TEMPS. (Voir N° 89.)

190. Il y a cinq temps primitifs, savoir :

Le présent de l'infinitif.
Le participe présent.
Le participe passé.
Le présent de l'indicatif.
Le passé défini.

191. Le *présent de l'infinitif* forme, 1° le *futur absolu* par le changement de r, re, ou oir en *rai* : aimer, *j'aimerai*, finir, *je finirai*, recevoir, *je recevrai*, rendre, *je rendrai*; 2° le *conditionnel présent* par le changement de r, re ou oir en *rais* : aimer, *j'aimerais*, finir, *je finirais*, recevoir, *je recevrais*, rendre, *je rendrais*.

192. Le *participe présent* forme, 1° les trois personnes plurielles du *présent de l'indicatif* par le changement de *ant* en *ons, ez, ent* ; *aimant, nous aimons, vous aimez, ils aiment ; finissant, nous finissons, vous finissez, ils finissent*, etc. Sont exceptés les verbes de la troisième conjugaison qui, à la troisième personne plurielle, changent *evant* en *oivent* : *apercevant, ils aperçoivent* ; 2° l'imparfait de l'indicatif par le changement de *ant* en *ais* : *aimant, j'aimais, finissant, je finissais*, etc.; 3°, le *présent du subjonctif* par le changement de *ant* en *e muet* : *aimant, que j'aime, finissant, que je finisse*, etc. Sont exceptés les verbes de la troisième conjugaison qui changent *evant* en *oive* : *apercevant, que j'aperçoive*.

193. Le *participe passé* forme tous les temps *composés* par le moyen des auxiliaires *avoir*, *être* : *j'ai aimé, il avait fini, tu as été puni*.

194. Le *présent de l'indicatif* forme l'*impératif* par la suppression des pronoms sujets *tu, nous, vous*, et pour les verbes de la première conjugaison par la suppression de l's dans la seconde personne du singulier : *tu chantes, chante ; nous chantons, chantons ; vous chantez, chantez ; je finis, finis ; nous finissons, finissons ; vous finissez, finissez*, etc.

195. Le *passé défini* forme l'*imparfait du subjonctif* en changeant *ai* en *asse* pour la première conjugaison, et en ajoutant *se* pour les trois autres : *j'aimai, que j'aimasse ; je finis, que je finisse ; je reçus, que je reçusse ; je rendis, que je rendisse*.

196. REMARQUE. — Quand un temps primitif manque, tous les temps qui en dérivent manquent ordinairement. Ainsi, *absoudre*, n'ayant point de passé défini, n'a point d'imparfait du subjonctif.

ABRÉGÉ

VERBES IRRÉGULIERS.

TEMPS PRIMITIFS.

PRÉSENT de L'INFINITIF.	PARTICIPE PRÉSENT.	PARTICIPE PASSÉ.	PRÉSENT de L'INDICATIF.	PASSÉ DÉFINI.
Première Conjugaison.				
Aller.	Allant.	Allé.	Je vais.	J'allai.
Envoyer.	Envoyant.	Envoyé.	J'envoie.	J'envoyai.
Seconde Conjugaison.				
Acquérir.	Acquérant.	Acquis.	J'acquiers.	J'acquis.
Bouillir.	Bouillant.	Bouilli.	Je bous.	Je bouillis.
Courir.	Courant.	Couru.	Je cours.	Je courus.
Cueillir.	Cueillant.	Cueilli.	Je cueille.	Je cueillis.
Dormir.	Dormant.	Dormi.	Je dors.	Je dormis.
Faillir.	Faillant.	Failli.	Je faux.	Je faillis.
Fuir.	Fuyant.	Fui.	Je fuis.	Je fuis.
Mentir.	Mentant.	Menti.	Je mens.	Je mentis.
Mourir.	Mourant.	Mort.	Je meurs.	Je mourus.
Offrir.	Offrant.	Offert.	J'offre.	J'offris.
Ouvrir.	Ouvrant.	Ouvert.	J'ouvre.	J'ouvris.
Partir.	Partant.	Parti.	Ja pars.	Je partis.
Sentir.	Sentant.	Senti.	Je sens.	Je sentis.
Sortir.	Sortant.	Sorti.	Je sors.	Je sortis.
Tenir.	Tenant.	Tenu.	Je tiens.	Je tins.
Tressaillir.	Tressaillant.	Tressailli.	Je tressaille.	Je tressaillis.
Venir.	Venant.	Venu.	Je viens.	Je vins.
Vêtir.	Vêtant.	Vêtu.	Je vêts.	Je vêtis.
Troisième Conjugaison.				
Choir.				
Déchoir.		Déchu	Je déchois.	Je déchus.
Echoir.	Echéant.	Echu.	J'échois.	J'échus.
Falloir.		Fallu.	Il faut.	Il fallut.
Mouvoir.	Mouvant.	Mu.	Je meux.	Je mus.
Pleuvoir.	Pleûvant.	Plu.	Il pleut.	Il plut.
Pourvoir.	Pourvoyant.	Pourvu.	Je pourvois.	Je pourvus.
Pouvoir.	Pouvant.	Pu.	Je peux *ou* puis	Je pus.
Prévaloir.	Prévalant.	Prévalu.	Je prévaux.	Je prévalus.
S'asseoir.	S'asseyant.	Assis.	Je m'assieds.	Je m'assis.
Savoir.	Sachant.	Su.	Je sais.	Je sus.

PRÉSENT de L'INFINITIF.	PARTICIPE PRÉSENT.	PARTICIPE PASSÉ.	PRÉSENT de L'INDICATIF.	PASSÉ DÉFINI.
Suite de la troisième Conjugaison.				
Valoir.	Valant.	Valu.	Je vaux.	Je valus.
Voir.	Voyant.	Vu.	Je vois.	Je vis.
Vouloir.	Voulant.	Voulu.	Je veux.	Je voulus.
Quatrième Conjugaison.				
Absoudre.	Absolvant.	Absous.	J'absous.	
Battre.	Battant.	Battu.	Je bats.	Je battis.
Boire.	Buvant.	Bu.	Je bois.	Je bus.
Braire.			Il brait.	
Bruire.	Bruyant.			
Circoncire.	Circoncisant.	Circoncis.	Je circoncis.	Je circoncis.
Clore.		Clos.	Je clos.	
Conclure.	Concluant.	Conclu.	Je conclus.	Je conclus.
Confire.	Confisant.	Confit.	Je confis.	Je confis.
Coudre.	Cousant	Cousu.	Je couds.	Je cousis.
Croire.	Croyant.	Cru.	Je crois.	Je crus.
Croître.	Croissant.	Crû.	Je crois.	Je crus.
Dire.	Disant.	Dit.	Je dis.	Je dis.
Éclore.		Éclos.	Il éclot.	
Écrire.	Écrivant.	Écrit.	J'écris.	J'écrivis.
Exclure.	Excluant.	Exclu.	J'exclus.	J'exclus.
Faire.	Faisant.	Fait.	Je fais.	Je fis.
Joindre.	Joignant.	Joint.	Je joins.	Je joignis.
Lire.	Lisant.	Lu.	Je lis.	Je lus.
Luire.	Luisant.	Lui.	Je luis.	Je luisis.
Maudire.	Maudissant.	Maudit.	Je maudis.	Je maudis.
Mettre.	Mettant.	Mis.	Je mets.	Je mis.
Moudre.	Moulant.	Moulu.	Je mouds.	Je moulus.
Naître.	Naissant.	Né.	Je nais.	Je naquis.
Nuire.	Nuisant.	Nui.	Je nuis.	Je nuisis.
Prendre.	Prenant.	Pris.	Je prends.	Je pris.
Répondre.	Répondant.	Répondu.	Je réponds.	Je répondis.
Résoudre.	Résolvant.	Résous, résolu	Je résous.	Je résolus.
Rire.	Riant.	Ri.	Je ris.	Je ris.
Rompre.	Rompant.	Rompu.	Je romps.	Je rompis.
Suffire.	Suffisant.	Suffi.	Je suffis.	Je suffis.
Suivre.	Suivant.	Suivi.	Je suis.	Je suivis.
Traire.	Trayant.	Trait	Je trais.	
Vaincre.	Vainquant.	Vaincu.	Je vaincs.	Je vainquis.
Vivre.	Vivant.	Vécu.	Je vis.	Je vécus.

197. Nous n'avons pas inséré dans ce tableau les composés des verbes qui s'y trouvent, parce qu'ils suivent la conjugaison de leurs simples. Ainsi *renvoyer*, *promettre*, se conjuguent comme les verbes simples *envoyer*, *mettre*.

ACCORD DU VERBE AVEC SON SUJET.

198. Tout verbe doit être au même nombre et à la même personne que son sujet, que celui-ci soit avant ou après. Ex. *Je parle*, parle est au singulier et à la première personne, parce que son sujet *je* est au singulier et à la première personne ; *nous parlons*, parlons est à la première personne du pluriel, parce que son sujet *nous* est de la première personne du pluriel. *C'est là que fleurit la rose*, fleurit est à la troisième personne du singulier, parce que son sujet *rose* est de la troisième personne du singulier.

199. Quand un verbe a deux sujets singuliers, il se met au pluriel : *mon frère et ma sœur lisent ; le passé est un abîme où se précipitent le présent et l'avenir.*

200. Si les sujets sont de différentes personnes, on met le verbe au pluriel et on le fait accorder avec celle qui a la priorité. La première a la priorité sur la seconde et celle-ci sur la troisième : *Ernest et moi, faisons notre devoir ; Paul et vous, serez récompensés.*

EXERCICES.

SUR LE VERBE.

170. Nous mangons, ils changaient, tu jugais, je protégais, il partaga, nous jugâmes, nous changons, que nous interrogassions, que vous protégassiez, vous dérangâtes, ils obligaient.

171. Nous menacons, il placait, que tu forcasses, il exaucait, que nous retracassions, commencons, vous remplacâtes, tracons.

172. Je léve, tu léveras, proméne-toi, considérez , considère , tu élève , je réléverai , il espère , il espérait , que tu espéres , il aliéne , tu te proménes.

173. J'appèle , tu jète , il projète , j'achette , tu jeteras , il gellera , nous harcellerons , que tu appèles , vous jéterez , tu cachetteras , tu amoncèles , nous amoncelerons , tu décelles.

174. Tu empiéteras , il céle , je répéte , il s'inquiéte , tu révéles , tu répéteras , tu cédes , il accédera.

175. Imparf. : nous prions , vous priez. Subj. : que vous ployez , que nous ployons. Ind. pr. : nous nettoyons , vous nettoyez. Subj. : que nous nettoyons , que vous nettoyez. Imparf. : nous crions. Ind. pr. : nous crions.

176. Je payerais , tu ployeras , nous essuyons , ils essuyaient , vous balayez , il balaye , il s'appuyait , appuye-toi , vous nettoyerez , nous nettoyons , nous nettoyerons.

177. J'agrée , tu agréeas , nous nous récrérons , que nous nous recréeions , qu'ils cré , tu agréais , il agréeait , que vous créeiez , une proposition agrée.

178. Du pain béni , de l'eau bénie , une famille bénie du ciel , un peuple béni de Dieu , un cierge béni , une chandelle bénie , une armée bénie du ciel.

179. Je haïs , tu haïs , il haït , nous haïssons , vous haïssez , ils haïssent , nous haïmes , vous haïtes , haïs , que je haïsse , que nous haïssions.

180. Les arts fleurissaient à cette époque ; c'est un empire fleurissant ; ces arbres fleurissaient ; ces plantes fleurissant répandent une odeur agréable ; cet état est fleurissant.

182. Je crainds , tu peinds , il dépent , je contrainds , tu contrainds , il contraind , j'absous , tu absous , il absoud , j'entends , tu entends , je confonds , il confond , je résouds , tu résouds , il résoud , je feinds , tu feinds , il feind.

183, 184, 185 , 186. Prends-je ? ai-je ? as-tu fini ?

vends-je ? a-t-il fini ? donnai-je ? appelle-on ? eussè-je aimé ? chantè-je hier ? avons-nous terminé ? dis-je ? dors-je, a-t-elle fini.

L'élève fera la formation des temps.

191. Aimer, finir, recevoir, rendre, donner, chanter, partir, servir, percevoir, prétendre, anéantir, brasser, polir, répandre, dormir.

192. Aimant, finissant, recevant, rendant, chantant, ayant, sachant, obéissant, secourant, prétendant, apercevant, répandant, lisant.

193. Mangé, chanté, fini, reçu, rendu, vu, aperçu, vendu, parcouru, pardonné.

194. J'aime, je finis, tu donnes, nous marchons, vous rendez, je prétends, vous recevez, je crois, nous parcourons, je sonne, tu chantes, tu domines.

195. J'aimai, tu finis, je reçus, je fis, je m'absentai, tu frappas, je dormis, je naquis, tu employas, j'ouvris, je semai.

SUR L'ACCORD DU VERBE AVEC SON SUJET.

198, 199, 200. Je donnes, tu avait, nous marchons, vous parter, ils rendent, elles prétend, tu chante, vous dormai, que nous eussent fini, ont-il ? on voudraient, ils soupire, qu'ils vailles. Les enfans aimes le jeu. Henri et Charles est malades. Les étoiles brilles. Cette maison et ce jardin appartient à mon oncle. Guillaume et Julien se levère de bonne heure et vint me dire que les soldats avait quitté la garnison. La force du corps et celle de l'esprit ne se rencontre pas toujours. C'est là que périt les trois cents Spartiates. Tout devient amusant lorsqu'on sait profiter de soi-même ; les espérances consoles, les sentimens intéresse, la mémoire soulages, et l'imagination ravit. Vous et votre frère viendra. Mon canif et ma plume est sur la table. A peine était-ils sortis qu'ils se vire entourés d'ennemis que commandait deux généraux expérimentés. Ce sera vous et moi qui sera appelés les premiers. C'est là que finit ses

exploits. Les hommes qui veuille s'élever trop, sont
sujets à retomber.

RÉCAPITULATION SUR LE VERBE.

Les ennemis était déjà aux portes de la ville, la
menaçant d'une ruine complète, lorsque tout à coup
arriva trois bataillons d'infanterie qui les mit en dé-
route. C'est en interrogant fréquemment la nature
que nous lui arrachons ses secrets. Appèle ton frère
et dit-lui que nous partons à sept heures. Nous pro-
jettons beaucoup et nous exécutons peu. Il craind la
mort et pourtant il ne peux l'éviter. On s'expose à
passer pour un sot lorsqu'on répette les sottises d'autrui. Il faut que je cachette une lettre. C'est un homme prudent, il ne décelle jamais les fautes des autres.
Cet enfant haït le travail autant qu'il aime le jeu. Il
faut que nous prions Dieu tous les jours. L'officier et
le soldat fut également exposés. Athènes fleurissait
du temps de Solon. Cette proposition a été agréé.
Tu a donné des preuves de ton zèle. Ce qu'on appèle flux et reflux n'est que le mouvement alterna-
tif des eaux. Je prie Dieu, je le béni, et lui rend
grâces. Nous vengons celui qu'on outraga. Nous
effacons ce qu'on traça. Je cèle ce qu'il faut céler, et
je répéterai ce qu'il faudra répéter. Qui employe
bien son temps ne s'ennuyera jamais. Je me promène
tous les jours parce que je m'ennuye. Le langage
éprouve les mêmes variations que la monnaie : l'un
et l'autre diffère selon le temps. Que fut devenus
ces petits infortunés, si le fermier et sa femme, agis-
sant à la rigueur, eût fait monter leur père sur
l'échafaud. Toi et moi ont longtemps souffert. Les
bons citoyens aime leur patrie. Votre jardin et celui
de votre frère a été bien cultivés.

RÉCAPITULATION SUR LE SUBSTANTIF, L'ADJECTIF,
LE PRONOM ET LE VERBE.

Les véritable et juste conquête sont ceux que chacun fait chez soi, en favorisant l'agriculture, en encou-

4

ragant les talent, en multipliant les homme **et les** autres production de la nature. L'or et l'argent s'épuise, mais la vertu, la constance, la pauvreté et l'amour de la patrie ne s'épuise jamais. Les passions déréglé inspire les méchant action ; mais les méchant maximes corrompe la raison même, et ne laisse plus de ressource pour revenir au bien. Il craind de rencontrer ses rivals. Le ciel serait injuste s'il exaucait tous nos vœu. Les gens de mérite vive, les autres hommes végettent sur la terre. Haissez le péché et plaignez le pécheur. Tous ces rameaux ont été béni par l'évêque. Vous vous récrérez par la vue des meuble somptueu que vous pourrez acheter. Cette tendre mère appellait d'une voix plaintif ses petits qu'elle avait perdus. Ces arbre en florissant répande une odeur agréable. Les beaux-arts fleurissait en Italie du temps des Médicis. Parce qu'un père se sera rendu indigne par ses crimes d'être élevé aux charges et aux emplois publiques, on ne doit pas, pour cela, en exclure le fils, s'il ne s'en rends par lui-même indigne : En effet, les fautes et les crime sont personnelles. Chaque siècle répette à l'autre : Tous les faux biens produit de vrais mals. Les enfant et les fou s'imagine que vingt francs et vingt ans ne peut jamais finir. Si, étant magistrat, tu a découvert des crimes, ne t'en réjouit pas, comme si tu avait fait une découverte heureux ; use de clémence, en obéissant néanmoins à la loi, persuadé que toute la faute ne vient pas des coupable ; mais qu'ils avait pour complice l'ignorance, le mauvais exemple, les faux espérances ou la crainte de quelques mals qu'ils pensait ne pouvoir éviter autrement. Il faut que toi et ceux qui sont ici fassent le mêmes serments. La force de l'âme et celui du corps est le fruit de la tempérance. C'est de Dieu que dépend la perte et le salut des nations. C'est là que fut englouti les deux vaisseaux dont nous avons parlé. Vous et moi admirent la bonté des dieu. Les souffrance et la mort de Jésus-Christ, sur la croix, doit nous attacher à lui.

TROISIÈME PARTIE.

SYNTAXE.

CHAPITRE PREMIER.

DU SUBSTANTIF.

201. *Amour*, *délice* et *orgue* sont masculins au singulier et féminins au pluriel : *un amour violent, de folles amours ; un délice, de grandes délices ; un bel orgue, de belles orgues.*

202. *Enfant* est masculin quand il désigne un garçon : *Charles est un aimable enfant ;* et féminin quand il désigne une fille : *Charlotte est une aimable enfant.*

203. *Exemple* est masculin dans tous les cas : *de beaux exemples d'écriture ; il suit les bons exemples de ses parents.*

DU NOMBRE DE QUELQUES SUBSTANTIFS.

204. *Ciel* fait *ciels* au pluriel dans *ciels* de lit, *ciels* de tableaux, *ciels* de carrière, et en parlant de la température, du climat d'un pays : *cette ville est sous un des plus beaux ciels tempérés,* etc. Il fait *cieux* dans tous les autres cas : *les cieux annoncent la gloire de Dieu.*

205. *OEil* fait *yeux* au pluriel : *des yeux bleus, les yeux du pain, du fromage, de la soupe ;* et *œils* dans *œils-de-bœuf* (petites lucarnes), et dans tous les substantifs composés qui commencent par *œil : des œils-de-chat* (pierres précieuses), etc.

206. *Aïeul*, signifiant ancêtres, fait *aïeux* au pluriel : *ils n'ont d'autre gloire que celle de leurs aïeux ;* désignant le grand-père paternel et le grand-père maternel, il fait *aïeuls : il a encore ses aïeuls.*

207. *Travail* employé dans le sens ordinaire fait *travaux* au pluriel : *les travaux de la campagne sont terminés* ; désignant les machines où l'on ferre les chevaux, il fait *travails*.

208. On ne doit point dénaturer l'orthographe des noms propres. Ainsi l'on écrira sans la marque du pluriel : *les deux Sénèque* (frères) *sont nés en Espagne.* Cependant si ces noms sont employés comme noms communs, c'est-à-dire pour désigner des individus semblables à ceux qui les ont portés, ils prennent la marque du pluriel : *les Sénèques sont rares.*, c'est-à-dire des hommes comme *Sénèque.*

DES SUBSTANTIFS COMPOSÉS.

209. Dans les substantifs composés, les seuls mots susceptibles de prendre la marque du pluriel sont les *substantifs* et les *adjectifs*.

210. Quand un substantif composé est formé de deux substantifs, ils prennent l'un et l'autre la marque du pluriel : *un chef-lieu, des chefs-lieux.* Excepté : *un Hôtel-Dieu, des Hôtels-Dieu, un appui-main, des appuis-main.*

211. Quand un substantif composé est formé d'un substantif et d'un adjectif, ils prennent l'un et l'autre la marque du pluriel : *un beau-frère, des beaux-frères.* Excepté : *un blanc-seing, des blanc-seings, un chevau-léger, des chevau-légers.*

212. Quand un substantif composé est formé d'un substantif joint à un verbe, à une préposition ou à un adverbe, le substantif seul prend la marque du pluriel : *des contre-coups, des avant-coureurs ;* mais on écrira : *des serre-tête, des réveille-matin, des contre-poison ;* enfin on écrira : *un ou des essuie-mains, un ou des porte-mouchettes.*

213. Quand un substantif composé est formé de deux substantifs unis par une préposition, le premier prend seul la marque du pluriel : *un ciel-de-*

lit, *des ciels-de-lit*. Excepté dans : *coq-à-l'âne*, *pied-à-terre*, *tête-à-tête*, où ils sont l'un et l'autre invariables.

214. Quand un substantif composé ne renferme que des mots invariables de leur nature, tels que *verbe*, *préposition*, *adverbe*, aucune de ces partieé ne prend la marque du pluriel : *des pour-boire*, *des passe-partout*.

EXERCICES.

201 Quels délices peut-on comparer à ceux que cause une bonne action ! Dieu venait à ce peuple heureux ordonner de l'aimer d'une amour maternelle. Les orgues de cette église sont plus beaux que ceux dont vous m'avez parlé.

202. Cher enfant, disait une mère à sa fille, sans toi, il n'est pas de bonheur pour moi. Henri est un aimable enfant. Madame, votre fille est un enfant gâté.

203. Le maître donne tous les jours de nouvelles exemples à ses élèves. Fuyez ce libertin, ses exemples sont pernicieuses.

204. Ce qui me plaît le plus dans ces tableaux, ce sont les cieux. Justes, réjouissez-vous, le royaume des ciels est à vous. Béziers est sous un des plus beaux cieux de la France.

205. Cette personne a de beaux œils. J'ai fait percer deux œils-de-bœuf dans ce mur. Les œils de la soupe.

206. Mes deux aïeuls sont morts depuis trois ans. On ne doit point compter sur le mérite de ses aïeuls (ancêtres.)

207. Les maréchaux ont des travails pour y attacher les chevaux fougueux. Le canon détruisit tous les travails.

208. Qu'un Molière s'élève, il naîtra des barron. Les concertos des Mozart et des Viotti sont peut-être ce que la musique moderne a produit de plus beau.

209, 210. Cette personne aime beaucoup les chou-fleur. Ce peintre a des appuis-mains. Il y a en France quatre-vingt-six chef-lieu de préfecture.

211. Des blanc-seing sont une arme perfide dans les mains d'un fripon. On ne trouve guère les chat-huant que dans les bois. Des belle-sœur.

212. Nos arrière-neveux nous imiterons, si nous faisons de bonnes actions. Des serre-tête. Un essui-main ; des essui-main. Les contre-coup sont dange-reux.

213. Ces tableaux sont des chef-d'œuvre moder-nes. Cette personne fait souvent des coq-à-l'âne. Les arc-en-ciel sont toujours opposés au soleil.

214. L'or est le plus sûr des passe-partout. Ce voyageur a dépensé cent francs, y compris les pour-boire.

RÉCAPITULATION SUR LES NUMÉROS DEPUIS 201 A 214 INCLUS.

S'il est vrai que les arts soient nuisibles à la société, nous pouvons dire que Louis XIV imprima une tâche à sa gloire en faisant naître des Praxitèle, des Apelle et des Orphée. Les arc-en-ciel sont formés par les rayons solaires dans les nuages. L'Italie est sous un des plus beaux cieux de l'Europe. Les barbares, les gaulois et les romains sont nos aïeuls. Voilà de beaux cieux de lit. Les ciel annoncent la gloire de Dieu. Les orgues renommés de Fribourg, en Suisse, sont égalés, dit-on, par ceux de Saint Sulpice, à Paris. L'amour maternelle est le plus durable. Les belles exemples de Rossignol sont les chefs-d'œuvres de la calligraphie. Une mère, en parlant de sa fille, disait : cet enfant faisait mes plus chers délices. Les oiseaux-mouche sont les bijoux de la nature. Des voyageurs prudents se munissent de passes-ports. L'âme se peint dans les œils.

CHAPITRE DEUXIÈME.

DE L'ARTICLE.

215. On emploie *du*, *des*, *de la* devant les sub-stantifs communs pris dans un sens partitif, c'est-à-dire pour désigner une partie des objets dont on parle : *il a du papier*, c'est-à-dire *quelque papier ; il a des amis*, c'est-à-dire *quelques amis ; il a de la fortune*, c'est-à-dire *quelque fortune*. Mais si ces substantifs sont précédés d'un adjectif, on supprime l'article et on emploie seulement la préposition *de* : *il a de belles maisons ; il a bu de bons vins*.

EXERCICES.

215. On ne peut guère faire des belles actions sans être vertueux. Il est plus difficile de faire de mal que de faire de bien. Il a reçu des bons conseils. Il a de la fortune. On ne dit jamais que l'on n'a point de l'esprit. Il y a des mauvais exemples qui sont pires que les crimes. Proposons-nous des grands exemples à imiter, plutôt que des vains systèmes à suivre. Celui qui est là-haut dicte de lois aux grands de la terre.

RÉCAPITULATION SUR LE SUBSTANTIF ET L'ARTICLE.

Les Cicerons ne se sont pas également illustrés. Cette orgue est inférieure à celle que nous avons vue der-nièrement. Ce mur est rempli d'yeux de bœuf. Voilà les portraits de ses aïeul ; le plus petit est le plus res-semblant. Les travaux de la campagne sont déjà avancés. Dans les Champs-Élysées, les rois foulent à leurs pieds tous les délices de leur condition mortel. Autrefois j'aimais beaucoup les cerf-volant. Nous avons cueilli des belles fleurs ce matin. L'ambition qui s'établit par de crimes se détruit. On dit peu de choses solides lorsqu'on cherche à en dire des extraor-dinaires. Laissons des bons exemples à nos arrière-neveu. Les épis d'eau sont des plantes aquatiques. Si cet hommes a d'ennemis, il a aussi beaucoup des amis.

CHAPITRE TROISIÈME.

DE L'ADJECTIF.

216. Les adjectifs *nu* et *demi* sónt invariables quand ils précèdent le substantif : *nu tête*, *une demi-heure*. Placés après, *nu* en prend le genre et le nombre : *tête nue*, *pieds-nus* ; et *demi* n'en prend que le genre : *une heure et demie*, *deux heures et demie*.

217. L'adjectif *feu* n'a pas de pluriel, et ne s'accorde en genre que quand il. est placé immédiatement après l'article ou un adjectif déterminatif. Ainsi on écrira avec accord : *la feue reine*, *votre feue mère* ; et sans accord : *feu la reine*, *feu votre mère*.

218. *Vingt* et *cent* prennent un *s* quand ils sont multipliés par un autre nombre : *quatre-vingts francs*, *deux cents hommes*. Excepté quand ils sont suivis d'un autre adjectif numéral : *quatre-vingt-cinq francs*, *deux cent dix hommes*.

219. *Mille* s'écrit de trois manières : 1° *mille*, pour exprimer le nombre dix fois cent : *deux mille hommes* ; 2° *mil*, pour exprimer la date des années: *l'an mil huit cent*. Dans ces deux cas, il ne prend jamais la marque du pluriel ; 3° *mille*, avec un *s* au pluriel, pour exprimer une étendue de chemin: *trois milles d'Angleterre valent un peu plus d'une lieue de France*.

220. *Même* est adjectif ou adverbe. Il est adjectif quand il est placé immédiatement devant le substantif : *nous avons reçu les mêmes honneurs* ; ou après un pronom : *les dieux eux-mêmes devinrent jaloux des bergers ;* ou après un seul substantif : *ces murs mêmes, seigneur, peuvent avoir des yeux.*

221. *Même* est adverbe 1° quand il est placé après plusieurs substantifs : *les animaux, les plantes mêmes;* 2° quand il qualifie un verbe : *exempts de maux réels les hommes s'en forment même de chimériques.*

222 *Tout* est adjectif ou adverbe. *Tout* est adjectif et s'accorde quand il est avant un nom ou qu'il exprime la totalité des personnes ou des choses : *tout homme, toute femme ; tous les hommes, toutes les femmes.*

223. *Tout,* adverbe, signifie *quelque, tout-à-fait, entièrement,* et reste invariable : *tout spirituels qu'ils sont ; ils sont tout étonnés.* Cependant *tout,* quoique adverbe, varie quand le mot qui suit est féminin et commence par une consonne ou une *h* aspirée ; *elle est toute stupéfaite ; toute hardie qu'elle est.*

224. *Quelque* s'écrit de trois manières : 1° suivi d'un verbe il s'écrit en deux mots. Alors *quel* est adjectif et s'accorde en genre et en nombre avec le substantif qui suit, et *que,* conjonction, reste invariable : *quel que soit votre rang, quelle que soit votre fortune ; quels que soient vos mérites, quelles que soient vos raisons.*

225. 2° Suivi d'un substantif, il s'écrit en un mot et s'accorde en nombre avec le substantif : *quelques amis que vous possédiez.*

226. 3° Suivi d'un modificatif, soit *adjectif,* soit *participe,* soit *adverbe,* il s'écrit en un mot et ne prend ni genre ni nombre : *quelque grands qu'ils soient ; quelque élevés que nous soyons ; quelque adroitement qu'ils s'y prennent.*

227. *Son, sa, ses, leur, leurs,* ne peuvent s'employer avec un nom de chose que quand le nom de cette chose est exprimé dans la même proposition, comme dans cet exemple : *cet avis à ses contradicteurs ;* mais s'ils ne sont pas dans la même proposition on les remplace par le pronom *en* et *l'article.* Ainsi au lieu de dire : *Paris est beau, j'admire ses bâtiments,* je dirai : *Paris est beau, j'en admire les bâtiments.* Ces mêmes adjectifs sont toujours régulièrement employés quand l'objet possesseur est un nom de personne.

EXERCICES.

216. Il a marché nu pieds et tête nu. Les demi mesures sont funestes. Il a acheté six aunes et demi de drap.

217. La feu reine était universellement regrettée. Feu votre mère unissait les charmes de l'esprit à la bonté du cœur.

218. J'ai acheté un cheval deux cents quatre-vingts francs et l'ai revendu deux cents quatre-vingts-dix. Ce mur a trois cents mètres de longueur.

219. C'est le deux décembre mille huit cent cinq, qu'eut lieu la célèbre bataille d'Austerlitz, qui couta aux ennemis cinquante mille hommes mis hors de combat et trente milles prisonniers. Ces deux villes sont à quinze mille l'une de l'autre.

220, 221. Les animaux, les rochers mêmes, paraissent sensibles à de touchants accords. Vos droits et les miens sont les mêmes. Les dieux eux-mêmes devinrent jaloux des bergers.

222, 223. Elle est toute stupéfaite. Ces fleurs sont toute aussi fraîche qu'hier. C'est une femme tout pleine de cœur. Nous sommes tout sujets à la mort.

224, 225, 226. Votre puissance, quelque elle soit, ne vous donne pas le droit de mépriser les autres. Quelque talents que vous ayez, soyez modeste. Quelque ridicules que ces fictions vous paraissent, il faut néanmoins les connaître.

227. Pourquoi craindre la mort, si l'on a assez bien vécu pour ne pas craindre ses suites? Si la pauvreté est la mère des crimes, le défaut d'esprit est leur père.

RÉCAPITULATION SUR LES NUMÉROS DEPUIS 216 A 227 INCLUS.

Les singes font des gestes et des grimaces extravagant. Les demies mesures sont funeste. Le royaume Lombardo-Venitien a treize milles huit cents quatrevingts milles carrés. Les lois absurdes s'abolissent d'elles-même. Quelques grands que fussent les magistrats et les généraux athéniens ; tous intègres, tous habiles qu'ils étaient, l'exil était souvent leur récompense. Plus le péril est grand, plus doux est son fruit. Votre feu mère est morte, je crois, avant feu votre tante. Cet affaire est arrivée l'an douze cents. Les Écossais sont habitués à aller nues jambes. Quelque soit votre fortune, souvenez-vous que vous êtes homme.

RÉCAPITULATION SUR LE SUBSTANTIF, L'ARTICLE ET L'ADJECTIF.

Un coup-d'œil de Louis enfantait des Corneille. On nous a assuré que les portes-faix de Constantinople portent des fardeau de neuf cent livres pesant. Socrate voulant s'endurcir allait nus pieds dans le plus fort de l'hiver. Tous infaillibles qu'ils sont, les géomètres eux-même se trompent souvent. Les habitants du détroit de Davis mangent leur poisson et leur viande crue. Des bonnes actions et des études agréable, sont les plus doux passes-temps. Les personnes qui se sont données toutes entière à Dieu ont toujours goûté des vrais plaisirs. Qui peut lire l'Évangile sans trouver sa morale sublime. Quelque pures que soient leurs intentions, quelque lumières qu'ils aient acquises, quelque soit leur expérience, les hommes peuvent se laisser égarer : les plus sages mêmes, sont faillible. Nous faisons nos plus chers délices de la sainte Écriture. Les orgues conviennent à l'église ; ils ont quelque chose de divin, de céleste dans leurs sons. Socrate est mort l'an quatre cents avant Jésus-Christ. La mer était tout couverte de vaisseaux ; les remparts étaient tout couverts de soldats. Heureux les pauvres d'esprit, le royaume des ciels leur est ouvert.

CAAPITRE QUATRIEME.

DU PRONOM.

228. Les pronoms personnels employés comme *sujets* se placent avant le verbe : *je marche, tu*

chantes, nous parlons, etc. Il y a cependant quelques cas où ils se placent après.

229. Les pronoms *personnels* se placent après le verbe :

1o Dans les phrases interrogatives : *aurai-je fini? sais-tu ?*

2o Dans les phrases exclamatives, avec ou sans négation : *pourquoi suis-je roi ! que ne suis-je roi !*

3o Dans les phrases interjetées, telles que : *dit-il, répondit-elle,* etc. ; *je veux, dit-il, vous parler ; il suffit, lui disais-je.*

230. Les pronoms *personnels* employés comme *compléments* se placent également avant le verbe : *ils m'ont trompé ; tu les as vus.*

231. *Exception.*—Si le verbe est à l'impératif, le pronom qui en est le complément se place après : *donne-toi quelque repos ; fais-lui grâce.*

232. Quand un verbe à l'impératif a deux pronoms pour compléments, l'un direct, l'autre indirect, le complément direct se place le premier. Ainsi dites : *donnez-le-moi, prêtez-le-lui, cédez-le-nous* ; et non pas : *donnez-moi-le, prêtez-lui-le, cédez-nous-le.*

233. Le pronom *soi* est toujours du nombre singulier et se dit des personnes et des choses ; mais appliqué aux personnes il ne s'emploie qu'avec une expression vague, comme *on, quiconque, chacun, personne,* etc : *on doit rarement parler de soi.*

234. Quand le pronom *le* représente un substantif ou un adjectif pris substantivement, il s'accorde en genre et en nombre avec ce substantif ou cet adjectif : *êtes-vous la duchesse ? je la suis ; êtes-vous la malade? je la suis; êtes-vous les députés de ce canton ? nous les sommes ;* et reste invariable s'il représente un adjectif ou un substantif pris adjectivement : *Madame, êtes-vous malade? je le suis ; Messieurs, êtes-vous députés ? nous le sommes.*

235. Le pronom *ce*, commençant une phrase, doit être répété dans le second membre quand celui-ci commence par le verbe *être* : *ce que je désire de vous, c'est que vous pratiquiez la vertu.*

236. *Celui-ci, celle-ci, ceci,* s'emploient pour désigner les objets les plus proches, ou ceux dont on a parlé en dernier lieu. *Celui-là, celle-là, cela,* pour désigner les objets les plus éloignés ou ceux dont on a parlé en premier lieu : *de ces deux livres, je préfère celui-ci* (le plus proche) *à celui-là* (le plus éloigné.)

237. Le pronom *relatif* est toujours du même genre, du même nombre et de la même personne que son antécédent. Ainsi on écrira : *moi qui suis aimé, toi qui es aimé, lui qui est aimé, elle qui est aimée, nous qui sommes aimés,* etc., et non pas : *moi qui est aimé,* etc.

238. *Qui,* complément d'une préposition, ne se dit que des personnes. Ainsi on dira : *la personne à qui ou à laquelle j'ai donné ma confiance ;* mais on ne dira pas : *l'étude à qui je m'applique ;* il faut, *à laquelle je m'applique.*

239. *Chacun,* demande *son, sa, ses,* quand il est après le complément direct ou que le verbe n'a pas de complément de cette nature : *ils ont épuisé leurs ressources chacun à sa fantaisie ; les juges ont opiné chacun selon ses lumières ; les rois ont tremblé chacun sur son trône.*

240. *Chacun,* demande *leur, leurs,* quand il précède le complément direct : *ils ont employé chacun leurs moyens pour réussir ; les juges ont donné chacun leur avis.*

241. *On* est naturellement masculin, mais dans certaines circonstances il désigne si précisément une femme, qu'alors il est féminin : *quand on est mariée on n'est pas toujours maîtresse de ses actions.*

242. *L'on* est préférable à *on* particulièrement

après les conjonctions *et*, *si*, *ou* : *et l'on dit*, *si l'on voit*, *ou l'on verra*. Excepté au commencement d'une phrase afin d'éviter certaines consonnances désagréables, et devant *le*, *la*, *les*, *lui*, pour éviter la répétition de l'articulation *l*.

243. *L'un et l'autre*, *les uns et les autres*, expriment seulement la pluralité : *l'un et l'autre seront récompensés* ; *les uns et les autres seront récompensés*. *L'un l'autre*, *les uns les autres* expriment, outre la pluralité, la réciprocité : *ils se cherchent l'un l'autre* ; *ils se cherchent les uns les autres*.

244. REMARQUE. Quand il y a plus de deux objets, la réciprocité doit s'exprimer par *les uns les autres*, et non pas par *l'un l'autre*.

EXERCICES.

228, 229. Je meurs, il dit, mais mon nom restera dans l'histoire. Dites-moi ce que je faisais quand vous êtes venu? Puisse-je vous voir un jour plus heureux? Je veux, il dit, qu'il le fasse. Quand Dieu par plus d'effet montra-t-il son pouvoir.

230, 231. Mon fils, crois-moi, à toi donne quelque repos. Ils ont laissé moi partir. Il a parlé à moi.

232. Mon innocence est le seul bien qui me reste, laissez-moi la. Montrez-moi le ce mortel privilégié. Vos amis ont ils des vices, reprochez leur les.

233. L'homme inconstant ne ressemble jamais à soi-même. Personne n'est aussi content de son sort que de lui. Quiconque a enfreint les règles, cherche à entraîner les faibles avec lui.

234. Le soleil et la lune semblent plus gros à l'horison qu'ils ne les paraissent au zénith. Etes-vous mère? je la suis. Etes-vous la maîtresse de cette maison? oui, Monsieur, je le suis.

235. Ce que je désire, mon fils, est que vous pratiquiez la vertu. Ce qui plait dans les anciens, est leur simplicité.

236. Le sentiment persuade mieux que la raison ; celle-là trouve des juges, celui-ci se fait des complices. Le corps périt est l'âme est immortelle : cependant on néglige celle-là, et tous les soins sont pour celui-ci.

237. C'est moi qui vous a ouvert la porte. Ce n'est pas toi qui se ferait périr. Ce sera vous, je crois, qui remportera le premier prix. Ce sera nous qui vous paiera.

238. Le tigre est peut-être le seul animal de qui on ne puisse fléchir le naturel. La chose à qui l'avare pense le moins, c'est à secourir le pauvre. La personne à qui j'ai parlé hier est morte.

239, 240. Les deux rois firent chanter des *Te Deum* chacun dans leur camp. L'Énéide de Virgile et l'art poétique d'Homère sont des chefs-d'œuvre parfaits, chacun dans leur genre.

241, 142. On est heureux quand on est mère et qu'on est adoré de ses enfants. L'on peut être sot avec beaucoup d'esprit, et on peut n'être pas un sot avec peu d'esprit.

243, 244. Les passions ennemies l'une de l'autre, sont dans un état perpétuel de guerre. Loin de se regarder comme ne faisant qu'une seule et même famille, les hommes ne se lient que pour se tromper les uns et les autres.

RÉCAPITULATION SUR LES N°ˢ DEPUIS 228 à 244 INCLUS.

L'esprit et le cœur sont les deux portes par qui les vérités sont reçues dans l'âme. Une mère disait à sa fille : on est vraiment chéri de son mari et de ses enfants qu'autant qu'on remplit ses devoirs d'épouse et de mère. Moi, esclave ! moi qui est née pour commander ! Hélas ! il n'est que trop vrai que je la suis. Les hommes sont obligés de vivre en société par le besoin qu'ils ont l'un de l'autre. L'oisif ne se repose pas, il fatigue les autres et soi-même. Etes-vous la maîtresse du logis ? oui, Monsieur, je le suis. Votre marraine et ma sœur vont se promener ; ils dési-ent que nous allions avec eux. En vous haïssant l'un et l'autre , vous vous êtes rendues l'une l'autre odieuses à Dieu. Quant à moi , je ne suis pas d'avis que l'on doive préférer des amis trop complaisants à des amis trop sévères ; car ceux-là disent souvent la vérité , tandis que ceux-ci la dissimulent presque toujours. L'on a des talents que pour s'élever.

RÉCAPITULATION SUR LES SUBSTANTIFS , L'ARTICLE , L'ADJECTIF ET LE PRONOM.

L'âme demeure tout étonnée , toute stupéfaite à la vue de grandes scènes qu'offre la nature. Combien des hommes ne semblent nés que pour eux-même. Si les qualités morale se transmettaient par la naissance , on verrait dès races invariable de Socrate , de Caton , de Néron et de Tibère. Quelque aient été ses occupations , il a toujours trouvé moyen de nous rendre service. Les arc-en-ciel sont toujours opposés au soleil. J'ai acheté une livre et demi de sucre , et une demi livre de miel. Que dis-je? l'on règne , et d'un peuple fidèle , l'on est chéri surtout si on est belle. Les deux Rousseaux se sont illustrés , chacun dans leur genre. Quel est cruel et absurde cet gloire qui porte les hommes à se détruire les uns et les autres. Le mensonge est un vice pour qui les hommes doivent avoir la plus grande horreur. C'est vous qui a chanté la plus belle chanson. Cinquante mil hommes , quatre mil huit cent chevals , trois cent six pièces de canon , et deux cent caissons restèrent au pouvoir des vainqueurs. Ce qui soutient l'homme au milieu des plus grands revers , est l'espérance. Les flatteurs trouvent leur compte avec les grands , comme les médecins auprès des malades imaginaires : ceux-là paient pour les mals qu'ils n'ont pas ; ceux-ci pour des vertus qu'ils devraient avoir. Il avait la tête et les bras nu. Les chat-huant ne sortent ordinairement que pendant la nuit. Il a des beaux chevals dans son écurie.

CHAPITRE CINQUIEME.

DU VERBE.

245. Quand les mots composant le *sujet* sont unis par *ou*, ou sont placés par *gradation*, ou enfin sont *synonymes*, le verbe s'accorde avec le dernier : *la faiblesse ou l'inexpérience nous fait commettre bien des fautes; son courage, son intrépidité étonne les plus braves; la trahison, le meurtre, est le sceau du mensonge.*

246. Quand un verbe a pour *sujet* un *collectif*, il s'accorde avec ce collectif s'il est général : *l'infinité des perfections de Dieu m'accable;* et avec le substantif qui suit ce collectif si celui-ci est *partitif : une troupe de barbares désolèrent le pays.*

247. Le verbe être précédé de *ce* se met au pluriel lorsqu'il est suivi d'une troisième personne du pluriel : *ce sont les passions qui perdent la jeunesse;* et au singulier s'il n'en est pas suivi : *c'est le travail et l'application qui rendent victorieux.*

248. Un verbe ne peut avoir deux compléments directs. Ainsi ne dites pas : *ne vous informez pasce que je deviendrai,* attendu que *vous* et *ce* figurent comme compléments directs du verbe *informer;* mais dites : *ne vous informez pas de ce que je deviendrai,* alors *informer* n'a plus pour complément direct que *vous, de ce* étant un complément indirect.

249. Un verbe ne doit pas avoir deux compléments indirects pour exprimer le même rapport. Ne dites donc pas : *c'est à vous à qui je veux parler,* attendu que *à vous* et *à qui* représentent la même personne; mais dites : *c'est à vous que je veux parler.*

250. Quand deux verbes demandent, l'un un complément direct et l'autre un complément indirect, il faut donner à chacun le complément qui lui convient. On ne dira donc pas : *il attaqua et s'empara de la ville,* attendu que *attaqua* demande un complément direct, et *empara* un complément indirect ; il faut dire : *il attaqua la ville et s'en empara.*

251. Il en est de même quand deux verbes exigent des compléments indirects exprimer par des prépositions différentes. Ainsi on dira : *un grand nombre de vaisseaux entrent dans ce port et en sortent tous les mois* ; et non pas : *entrent et sortent*, attendu qu'on dit *entrer dans* et *sortir de.*

252. Quand un verbe à un complément direct et un complément indirect, le plus court doit être placé le premier : *nous devons consacrer nos plaisirs aux devoirs de l'humanité.*

253. Si les deux compléments sont d'égale longueur, le complément direct se place le premier : *nous suivrons vos conseils avec docilité.*

254. Le *présent* s'emploie quelquefois à la place du *passé* pour rendre la narration plus vive, plus animée. Ainsi on dira : *il brave la mort et devient le vainqueur de son ennemi*, au lieu de : *il brava la mort et devint*, etc ; mais dans ce cas il faut que tous les verbes soient au même temps, d'où il résulte qu'on ne peut pas dire : *il brave la mort et devint*, etc.

255. On emploie le *présent de l'indicatif* au lieu de *l'imparfait* pour exprimer une chose qui est toujours vraie ou qui a lieu au moment où l'on parle. Ainsi on dira : *il disait avec raison que la vertu est préférable à tous les biens*, et non pas *était préférable*, etc

256. Le *passé défini* ne s'emploie que pour désigner un temps entièrement écoulé et éloigné au moins d'un jour du moment où l'on parle. Ainsi on ne dira pas : *j'étudiai ce matin, je voyageai cette semaine, ce mois, cette année*, attendu qu'on est encore dans le temps dont il s'agit.

257. Le *passé indéfini* s'emploie indifféremment pour un temps passé, soit qu'il en reste encore une partie ou non à s'écouler. Ainsi on dit également bien : *j'ai voyagé cette année, l'an passé.*

258. Le *subjonctif* s'emploie :

1° Après les verbes qui expriment la *volonté*, le *commandement*, le *désir*, le *doute*, la *crainte*, la *surprise* : *je désire que vous soyez heureux* ;

2° Après la plupart des verbes *impersonnels* ou employés *impersonnellement* : *il est juste que vous fassiez cela.*

3° Après un verbe accompagné d'une *négation* : *je ne crois pas qu'il ait raison* ; ou qui exprime une *interrogation* : *croyez-vous qu'il ait raison ?*

4° Après les locutions conjonctives, *afin que, à moins que, avant que, bien que, de peur que, de crainte que, pourvu que, pour que*, etc.

5° Après *quelque... que, quelque, qui que, quoique, si.... que*, etc : *quelque savant que vous soyez ; qui que vous soyez ; quoique vous fassiez.*

259. Après le *présent* et le *futur* de l'indicatif, on emploie le *présent du subjonctif*, pour exprimer un présent ou un futur :

Il faut
Il faudra } *que vous soyez* plus attentif.

et le *passé* pour exprimer un passé :

Je ne présume pas
Il ne présumera pas } *que vous ayez* travaillé.

260. Après l'*imparfait*, les autres *passés* et les *conditionnels*, on emploie l'*imparfait du subjonctif* pour exprimer un *présent* ou un *futur*.

Je doutais
Je doutai
J'ai douté
Je douterais
J'aurais douté
J'avais douté } *que vous étudiassiez* aujourd'hui, demain.

et le *plus-que-parfait* si l'on veut exprimer un passé :

Je doutais
Je doutai
J'ai douté
Je douterais
J'aurais douté
J'avais douté. } *que vous eussiez étudié* la semaine passée.

EXERCICES.

245. L'envie ou la calomnie vous ont attiré des re-
fus ou des disgrâces. L'homme de bien est trop
confiant ; sa candeur, son innocence le rendent dupe
des méchants. Un mot, une surprise, un coup-d'œil
nous trahissent.

246. La foule des humains sont voués à l'erreur.
Asez de gens méprise le bien ; mais peu sait le donner.

247. Ce fut les Phéniciens qui inventèrent la navi-
gation. Ce sont la justice et la bonté de Louis XII qui
l'ont rendu digne du surnom de Père du Peuple.

248. Ne vous informez pas ce que les méchants
disent de vous : l'ignorez c'est les en punir. Ne vous
inquiétez pas ce qu'il fera.

249. C'est à votre frère à qui il appartient de ré-
pondre. C'est de vous dont il s'agit en ce moment.
C'est dans l'adversité où l'on reconnaît l'ami véritable (*)

250. Le roi de France avait su connaître et se servir
de ses avantages. Le maréchal d'Hocquincourt attaqua et se rendit maître d'Angers.

251. Quand on s'est écarté des bons principes par
faiblesse, on désire et on cherche à se justifier par
vanité. Beaucoup de personnes entrèrent et sortirent
de la ville en même temps.

252, 253. Il faut opposer aux propos et aux injures
des méchants, un maintien stoïque. Les Français vain-
quirent à Villaciosa les Espagnols.

254. Il fond sur son ennemi, le saisit d'une main
rigoureuse, et le renversa comme l'aquilon abat les
tendres moissons qui dorent les campagnes.

255. Lamotte avait coutume de dire que l'envie
était un hommage maladroit que l'infériorité rendait

(*) L'adverbe *où* figure ici comme un véritable complément
indirect. Il équivaut à *dans laquelle*.

au mérite. On a toujours dit que l'étude faisait toutes les délices du vrai philosophe.

256, 257.. Je lus ce matin une très-belle histoire. Au commencement du siècle où nous vivons, nous vîmes tant de choses extraordinaires que la postérité aura peine à les croire.

258. 1° La religion exige que nous sacrifions nos ressentiments. 2° Il semble que l'enfant hypocrite a deux masques, le sien d'abord, et celui d'un autre. 3° Quoique les méchants prospèrent quelquefois, ne croyez pas qu'ils sont heureux. 4° L'ennui finira par vous gagner, à moins que vous ne variez vos occupations et vos amusements. 5° Si mince qu'il peut être, un cheveux fait de l'ombre. Les rois, quelque puissants qu'ils sont, ils sont hommes.

259. Je ne crois pas qu'il pût y avoir de véritable amitié entre des personnes qui ne sont pas vertueuses. Il ne pensera pas que vous eussiez travaillé.

260. Il faudrait que les hommes aiment les louanges et qu'ils s'efforcent de les mériter. L'envieux voudrait que tout ce qui est bon appartienne à lui seul. La Providence a permis que les barbares détruisent l'empire romain et vengent l'univers vaincu.

RÉCAPITULATION SUR LES NUMÉROS DEPUIS 245 A 260 INCLUS.

Quelque rang que nous occupons ici bas, il faudra l'abandonner un jour. Ovide a dit que l'étude adoucissait les mœurs et qu'elle effaçait ce qui se trouve en nous de grossier et de barbare. L'ignorance ou la mauvaise foi corrompent les récits. Par tout pays, la plupart des fruits destinés à la nourriture de l'homme flatte sa vue et son odorat. Ce sont de votre frère et de votre père de qui il veut parler. C'est les guerres civiles qui font le malheur d'un état. Pensez vous qu'il a raison. Le dessein de Pharaon n'était pas d'accorder aux Israélites tout ce qu'ils demandait, mais de les amener s'il était possible à quelque composition qui sauve son honneur. Une des principales beautés du

caractère d'une femme, est cette retenue, cette ré-
serve modeste qui lui font oublier les louanges. Il y a
beaucoup de mérite à sentir et à faire l'aveu de ses
fautes. J'écrivis trois lettres ce matin. Il semble que
la nature a employé la règle et le compas pour peindre
la robe du zèbre. On craint que vous ne pouviez le
voir aujourd'hui. David lance une pierre contre Go-
liath, l'atteint au front et le renversa presque mort.
Pour qu'il obtienne cet emploi, il aurait fallu qu'il
soit plus instruit.

RÉCAPITULATION SUR LE SUBSTANTIF, L'ARTICLE, L'ADJECTIF, LE PRONOM ET LE VERBE.

On voit dans les cercles un petit nombre d'hommes
et de femmes qui pense pour tous les autres, et par
qui tous les autres parle et agissent. Tous ses projets
semblait l'un l'autre se détruire. Quelques prudentes
que sont vos sœurs, quelques avisées qu'elles m'ont
paru, je les trouve ici en défaut. Nous avons toujours
remarqué que l'esprit humain était tellement né pour
la vérité, qu'il voulait partout voir son image, même
dans les fictions. Ce sont l'orgueil et la mollesse de
certains hommes qui en mettent tant d'autres dans
une affreuse pauvreté. A trois heures et demies ce
matin, je vis passer deux avants-coureurs ; ils était à
peu près à deux mil l'un de l'autre. Si vous n'avez
pas de la vertu, n'espérez pas d'être heureux. Pour
que j'arrive hier, il aurait fallu que je pars un jour
plus tôt. Il n'y a rien que la crainte ou l'espérance ne
persuadent aux hommes. Pour bien connaître une
langue, il faut étudier sérieusement ses principes. J'a-
chetai ce matin quatre-vingt vaches à deux cent dix
francs la pièce. Quoique vous êtes savant, ne pensez
pas que vous avez le droit de mépriser les autres.
L'homme de bien est trop confiant ; sa candeur, son
innocence le rendent dupe des méchants. Ne croyez
pas que le roi est regretté de ses sujets ; car ils saves
qu'il n'a régné sur eux que pour remplir ses coffre-fort.
Deux mil hommes sont restés sur le champ de bataille.
Quelque soit l'éducation que vous avez reçue, vous

avez encore bien des choses à apprendre. Cette orgue est excellente. Il y a peu d'hommes qui sait supporter l'adversité.

CHAPITRE SIXIÈME.

DU PARTICIPE.

Participe Présent.

261. Le participe présent ne varie jamais : *Un homme lisant, des hommes lisant; Une femme lisant, des femmes lisant.*

262. L'adjectif verbal s'accorde comme tous les autres adjectifs en genre et en nombre avec le mot auquel il se rapporte : *des hommes obligeants, des femmes obligeantes.*

PARTICIPE PASSÉ.

263. Le participe passé employé sans auxiliaire, s'accorde en genre et en nombre avec le mot qu'il qualifie : *un livre lu, des livres lus; une lettre lue, des lettres lues.*

264. Le participe passé accompagné de l'auxiliaire *être* s'accorde avec le *sujet* du verbe : *cet homme est tombé, ces hommes sont tombés.; cette femme est tombée, ces femmes sont tombées.*

265. Le participe passé accompagné de l'auxiliaire *avoir* s'accorde avec son complément *direct,* s'il en est précédé, et reste invariable si ce complément est placé après ou qu'il n'y en a pas. Ainsi, on écrira avec accord : *les pommes que j'ai cueillies, je les ai vendues;* et sans accord : *j'ai vendu des pommes; j'ai chanté; tu as lu.*

266. Le participe passé accompagné de l'auxiliaire *être* employé pour *avoir*, ce qui a lieu dans les verbes pronominaux, s'accorde avec son complément *direct* s'il en est précédé, et reste invariable si ce complément est après. Ainsi, on écrira avec accord :

les lettres qu'elles se sont adressées; et **sans accord** : *elles se sont adressé des lettres.*

De ce qui précède, il résulte : 1° que le participe passé des verbes essentiellement pronominaux s'accorde toujours, parce qu'il a pour complément direct son second pronom, lequel précède toujours le participe (*) ; 2° que les participes passés des verbes pronominaux formés d'un verbe neutre sont toujours invariables, attendu que ces verbes n'ont jamais de complément direct.

EXERCICES.

261, 262. Je vois tous les jours des ouvriers entreprenants des choses qui sont au-dessus de leurs forces. Quand la femelle de l'ours a perdu ses petits, elle annonce sa douleur, non par des cris perçant, par des rugissements terribles, mais elle est triste et gémissant : c'est une mère pleurant ses enfants.

263. Les ouvrages terminés. Les occupations interrompu. Les soldats puni. Les troupes abandonné. Les batailles et les combats livré. Nos femmes et nos enfants égorgé.

264. Rome cessa d'être gouverné. Ma mère est parti. Ces murs ont été détruit. Ces maisons et ces châteaux seront brûlé. Le frère et la sœur ont été récompensé.

265. J'ai cueillies des fleurs et je les ai données à ma cousine. Les princes que tu as servi. Il nous a rendue injure pour injure. J'ai reçues les plantes que m'a promis votre jardinier.

266. Les lettres qu'ils se sont adressé, ils se les sont montrés. Saturne, issu de l'union du ciel et de la terre, eut trois fils qui se sont partagé le domaine de l'univers.

(*) *S'arroger*, fait seul exception à cette règle. On dit : *ils se sont arrogé des droits*, et non pas : *ils se sont arrogés, etc.*, parce que son complément direct est *des droits.*

RÉCAPITULATION SUR LES NUMÉROS DEPUIS 261 A 266 INCLUS.

C'est à l'ombre de la paix que les arts sont nés, ont prospérés et se sont perfectionnés. On jugera des éloges qu'a reçu l'auteur de cette jolie pièce, par les difficultés sans nombre qu'il a eu à surmonter et qu'il a surmonté en effet. Que de raisons se sont opposé à la formation des deux établissemens fort utiles que j'avais projeté ! La fable est né et s'est perpétué comme se conservent dans nos campagnes les contes des sorciers et des revenants. Les poètes ont successivement inventés les genres, et les ont porté presque à la perfection. Nous nous sommes parlés plus de deux heures avant de pouvoir nous comprendre.

RÉCAPITULATION SUR LE SUBSTANTIF, L'ARTICLE, L'ADJECTIF, LE PRONOM, LE VERBE ET LE PARTICIPE.

Nous nous sommes promené souvent dans cette joli vallée qu'arrose deux petits ruisseau qui vont en serpentant se jetter au loin dans la mer. Cette révolution, le soleil ou tout autre étoile l'ont fait en vingt-quatre heures. La même cause produit tous les maladie, quelques soit leur dénomination et leur caractère. J'ai connue votre feu mère ainsi que feu votre tante. Ne pensez pas qu'on peut gagner le ciel si aisément. Vous m'avez crue belle, mais je ne la suis pas. Il est des gens qui craigne de réfléchir sur soi la lumière de la raison. J'ai connu qu'il n'y a rien de bon pour la vieillesse qu'une occupation de qui on était toujours sûr. L'or est le plus sûr des passes-partouts. Quelque véritables amis que nous possédons, nous avons encore un plus grand nombre des ennemis. La mort n'épargne personne, les rois mêmes sont soumis à sa loi. Les jeunes gens tous inconsidéré qu'ils sont écoute quelque fois le langage de la raison. Je crains que mon ami n'a pas encore reçue la lettre que je lui écrivis au commencement de cette semaine. Hélas ! il fallait encore que je souffre cet injustice. Ce général attaqua et s'empara de la citadelle en peu de temps. C'est ces

5

messieurs, qui, les premiers ont parlés de cette affaire. Les orgues de cette église ne sont pas comparable à ceux que j'ai vu en Suisse. Il y a dans ces appartements des beaux cieux de lits. Ils désirait que les Portugais soient frappé de l'alliance intime existant entre les Français et les Russes. Il combattit avec un courage, une intrépidité extraordinaires. Ils se sont succédés sans interruption. Ces fleurs, je les ai cueilli dans mon jardin. Le soleil et la lune éclaire l'Univers. Qu'on est heureux quand on est mère et chéri de ses enfants et de son époux. Tous ces guerriers l'un par l'autre excité ne sentait pas la mort qui venaient les frapper. Quelque soient les raison que vous m'apportez, je ne puis m'empêcher de blâmer la conduite que vous avez tenu en cette circonstance. C'est l'an mille quatre cents quatre-vingts-douze que Christophe Colomb a découvert l'Amérique.

CHAPITRE SEPTIÈME.

DE L'ADVERBE.

268. *Dessous, dessus, dedans, dehors* étant adverbes ne peuvent avoir de complément. Ainsi ne dites pas : *dessous le ciel, dessus la table;* mais dites : *sous le ciel, sous la table.*

269. *Alantour, auparavant, davantage* rejettent également tout complément. Ainsi ne dites pas : *alantour de, auparavant que, davantage de, davantage que;* mais dites : *autour de, avant de, avant que, plus de, plus que.*

270. *Plus tôt,* en deux mots, a rapport au temps et a pour opposé *plus tard : il partira plus tôt que vous. — Plutôt,* en un mot, marque la préférence : *plutôt mourir que de vivre ainsi.*

271. Les deux termes d'une comparaison s'unissent par *que* et non par *comme.* Ainsi on dira : *il est aussi sage que vaillant,* et non pas *comme vaillant.*

272. *De suite* signifie successivement, sans interruption : *il ne saurait dire deux mots de suite.* *Tout de suite* signifie sur-le-champ : *il faut que les enfants obéissent tout de suite.*

CHAPITRE HUITIÈME.

DE LA PRÉPOSITION.

273. *A*, *dès*, employés comme préposition, prennent un accent grave : *il est à l'ouvrage dès le matin.*

274. *Au travers* doit toujours être suivi de la préposition *de* : *au travers de la forêt, à travers la* rejette : *à travers la forêt.*

275. *Près de, prêt à. Près de*, signifie sur le point de : *il est près de partir*, c'est-à-dire sur le point de partir. *Prêt à*, signifie disposé à : *il est prêt à partir*, c'est-à-dire disposé à partir.

276. *Vis-à-vis* ne se dit que par opposition de lieu : *il loge vis-à-vis de mes fenêtres.* Il ne faut donc pas dire : *il est ingrat vis-à-vis de ses parents*, mais *envers ses parents.*

277. *Entre* se dit de deux objets : *entre Rome et Carthage. Parmi* se dit d'un plus grand nombre : *parmi les morts.*

278. *Voici* s'emploie pour ce qui suit : *voici ses dernières paroles : je meurs content ; voilà*, pour ce qui précède : *je meurs content ; voilà ses dernières paroles. Voici*, s'emploie aussi pour désigner les objets les plus proches, et *voilà* pour désigner les objets les plus éloignés.

CHAPITRE NEUVIÈME.

DE LA CONJONCTION.

279. *Parce que*, en deux mots, signifie attendu que : *je le crois parce que je le vois. Par ce que*, en trois mots, signifie par *la chose* ou *les choses que* : *par ce que vous dites, je vois que vous avez raison.*

280. *Quoique*, en un mot, signifie *bien que* : *quoique vous disiez la vérité, on ne vous croira pas. Quoi que* en deux mots signifie *quelque chose que* : *quoi que vous fassiez, vous ne réussirez pas.*

281. *Quand*, conjonction, signifie *lorsque, dans quel temps*: *je partirai quand vous voudrez. Quant*, préposition, est toujours suivi de *à* et signifie *à l'égard de, pour ce qui est de* : *quant à cela, il n'y faut plus compter.*

EXERCICES.

268. La vertu dessous le chaume attire nos hommages. Cet homme, je l'ai vu entrer dedans la chambre de mon oncle.

269. Il faut rire auparavant d'être heureux, de peur de mourir auparavant d'avoir ri. Il a davantage de richesses que vous ne pensez.

270. Un sage prince écrivit sur les livres de son fils : plustôt mourir que de mentir. Une grande naissance ou une grande fortune annonce le mérite et le fait plustôt remarquer.

271. Il est aussi grand dans l'adversité comme dans l'opulence. Justinien se montrait aussi petit devant les Perses comme intraitable devant les Goths.

272. Faites de suite ce que vous pouvez faire ; le temps ne s'arrête pas pour vous attendre. Il est si faible qu'il ne saurait faire quatre pas tout de suite.

273. Il a envoyé des livres a Paris. Je lui ai écrit dès mon arrivée à Angers. Des soldats ont été envoyés a Rome.

274. Saint Louis porta ses armes redoutées au travers les espaces immenses de la mer et de la terre. Cette armée a passé à travers de la forêt.

275. Qui n'est pas généreux est bien prêt à être injuste. Celui qui a bien vécu est toujours prêt de paraître devant Dieu.

276. Cet enfant est ingrat vis-à-vis de ses parents. Cette porte est vis-à-vis de celle de mon frère.

277. Sabacon se distingua entre tous les rois d'Egypte, par sa piété et par la douceur de son règne. Les hommes sont placés libres parmi le vice et la vertu.

278. Voilà trois choses que nous devons considérer dans toutes nos actions : le juste , l'honnête et l'utile. La droiture du cœur , la vérité , l'innocence , l'empire de ses passions , voilà la véritable grandeur et la seule gloire réelle que personne ne peut nous disputer.

279. Les hommes ne sont inconséquents dans leurs actions que par ce qu'ils sont inconstants dans leurs principes. Par ce que vous avez dit , j'ai bien compris que vous l'aviez vu.

280. Quoi que très-malheureux , il est rare qu'on le soit assez pour ne pas faire d'heureux. Jamais un lourdeau quoi qu'il fasse ne saurait passer pour un galant.

281. Quant d'honnêtes gens sont dans le besoin , c'est le moment de faire provision d'amis. Quand à moi , je ne crains Dieu que quant je l'ai offensé.

RÉCAPITULATION SUR LES Nᵒˢ DEPUIS 268 à 281.

Il est aussi louable de refuser avec raison comme de donner à propos. Les grands seraient inutiles dessus la terre , s'il ne s'y trouvait des pauvres et des malheureux. Les soucis importuns voltigent comme des hiboux dans la nuit, alantour des lambris dorés. Chacun s'égare , et le moins imprudent est celui là qui plutôt se repent. Les libertins ont beau faire les esprits forts , ils tremblent quant ils sont prêts à mourir. Une triste expérience atteste à tous les pays et à tous les siècles que le genre humain est injuste vis-à-vis des grands hommes. A travers des périls un grand cœur se fait jour. Je voudrais ne pas savoir écrire , disait Néron avant que de signer un arrêt de mort ;

parce qu'il disait là, on ne pensait pas qu'il devint si
sanguinaire. Quoi que riche, il est généreux. Quant
on est malheureux, on a pas beaucoup d'amis.

RÉCAPITULATION GÉNÉRALE.

Nos voyageurs ayant vécus longtemps entre ces in-
sulaires, non seulement se sont conciliés leur affec-
tion, mais encore sont parvenu à obtenir d'eux ce
qu'ils désirait. Quelques soit ses penchants vers le
mal, celui qui craind Dieu les surmontent toujours.
Ces poissons sont encore tout en vie, quoi qu'ils sont
depuis longtemps hors de l'eau. Du parfait accord
qu'il y a parmi la pensée et l'expression naît une harmonie intellectuel, sans qui la vocale n'est rien.
Toutes les actions de la créature sont stérile par soi-
même, si elles ne se rapporte au Créateur. Esope fleurissait du temps de Solon. On ne pense pas que les
fables qui porte son nom sont les même qu'il a composé ; elles vienne de lui quand à la matière et la
pensée, mais leur style est d'un autre. L'on marche
au-devant de l'ennemi ; le général se poste avanta-
geusement, supplé au nombre par sa science mili-
taire comme par sa valeur, et remporta une victoire
complette à Marathon l'an quatre cents quatre-
vingts-dix auparavant Jésus-Christ. Si les hommes
entendait bien leurs intérêts, ils ne commettrait
pas des mauvaises actions, par ce que le cha-
grin ou le remord les suivent de près. Le grand
Cyrus disait qu'on n'était pas digne de commander
aux autres, à moins qu'on ne soit meilleur que ceux à
qui l'on donnait la loi. Quoi que les sciences ont des
racines amers, leurs fruits sont doux. Ce sont de mon
oncle et de mon cousin de qui il a parlé. Le maréchal
de Brisson, disait à ses amis : il ne me convient pas
de rétablir mes affaires aux dépens de la France, moi
qui ne s'est ruiné que pour la servir. Nous n'avouons
des petits défauts que pour persuader que nous n'en
avons point des grands. Cette pauvre servante est
venu toute ingénument confesser la faute qu'elle avait
commis. Que les dieux me fasse périr, plus tôt que

de souffrir que la mollesse ou la volupté s'emparent de mon cœur. Etéocle et Polynice, convinrent ensemble de tenir chacun à son tour les rênes du gouvernement. La plus heureuse vie n'a pas autant de plaisirs comme elle a de peines. C'est les actions de l'âme qui détermine celles du corps ; et d'après-celles-là qu'on voit, on juge de celles-ci, qu'on ne voit pas. Tout est arrangé dans le monde avec une prévoyance, une sagesse infinies. Dieu qui a créé les anges dans la sainteté, voulut que leur bonheur dépende d'eux-même. La plupart des hommes flotte sans cesse entre des craintes ridicules et des fausses espérances. Ce qui me révolte le plus, est de voir les hommes puissant abuser de leur autorité. Calligula exigeait qu'on offre à son cheval Incinatus de l'avoine et du pain dedans des coupes de l'or. Catherine de Médicis était jalouse de son autorité, et elle la devait être. Alors les deux rivals s'approche, se mesure des œils, et d'un même coup ils se tuèrent l'un et l'autre. L'hypocrite ne saurait feindre longtemps : un mot, un regard, un geste le trahissent.

DE LA PONCTUATION.

282. La *ponctuation* sert à marquer la distinction des sens, et les pauses qu'on doit faire en lisant.

283. Les signes de la ponctuation sont la *virgule* (,), le *point-virgule* (;), les *deux points* (:), le *point* (.), le *point interrogatif* (?), et le *point exclamatif* (!).

284. On emploie la *virgule* 1° entre les parties semblables d'une même proposition, comme les *sujets*, les *attributs* et les *compléments* de même nature : *Le froid, la faim, la fatigue contribuèrent à la défection de l'armée.*

Les Tyriens sont industrieux, patients, laborieux.
Il faut régler ses goûts, ses travaux, ses plaisirs.

2° **Entre les** *propositions* **de même nature, quand** elles ont peu d'étendue.

On se menace, on court, l'air gémit, le fer brille

285. On emploie le *point-virgule* entre les propositions semblables qui ont une certaine étendue.

Soyez ici des lois l'interprète suprême ; rendez leur ministère aussi saint que vous-même ; enseignez la raison, la justice et la paix.

286. On emploie les *deux points* 1° après une phrase finie, mais suivie d'une autre qui l'éclaircit ou la développe : *Il faut autant qu'on le peut obliger tout le monde : on a souvent besoin d'un plus petit que soi* ; 2° Après une proposition qui annonce une citation : *Jésus-Christ a dit : aimez-vous les uns les autres.*

287. Le *point* termine toutes les phrases indépendantes de celles qui suivent, ou du moins qui ne se lient avec elles que par des rapports vagues et généraux : *La déesse tenait d'une main un sceptre d'or, pour commander aux vagues. Elle avait un visage serein, et plein de majesté. Des tritons conduisaient son char. On voyait au milieu des airs, Eole empressé et inquiet.*

288. Le point *interrogatif* se place à la fin des phrases qui expriment une interrogation : *Quel bras vous suspendit, innombrables étoiles ?*

289. Le point *exclamatif* se place après les phrases qui expriment *la crainte, la douleur, la pitié, la surprise, la tendresse.*

A tous les cœurs bien nés, que la patrie est chère !
Que le Seigneur est bon ! Que son joug est aimable !

EMPLOI DES MAJUSCULES.

290. Il faut commencer par une *majuscule* chaque phrase, chaque vers et tous les noms propres, tels que *Paris, Pierre, Paul* ; tous ceux de lieux, tels que *Europe, France* ; tous ceux de sectes, tels que

les Epicuriens, les Stoïciens ; tous ceux de fleuves, de montagnes, de vents, etc.

EMPLOI DES ACCENTS.

291. L'accent *aigu* se met sur tous les *e* fermés qui terminent la syllabe : *bonté, vérité.*

292. L'accent *grave* se met, 1° sur les *e* ouverts qui terminent la syllabe, ou qui précèdent la consonne finale : *père, mère, procès* ; 2° sur *à* et *dès*, prépositions ; 3° sur *là* et *où*, adverbes ; 4° sur *çà, deçà, déjà, holà, voilà.*

293. L'accent *circonflexe* s'emploie lorsqu'il y a allongement de son et suppression de lettres, comme dans *âge, bâton, flûte*, etc.

DE L'APOSTROPHE.

294. L'*apostrophe* marque la suppression d'une des voyelles *a, e, i*, comme dans *l'âme* pour *la âme, l'éternel*, pour *le éternel, s'il vient*, pour *si il vient.*

DE LA CÉDILLE.

295. La *cédille* se place sous le *c* devant les voyelles *a, o, u*, afin de lui donner le son de l'*s* : *façade, façon, reçu.*

DU TRÉMA.

296. Le *tréma* se met sur une *voyelle* pour la faire prononcer séparément de celle qui précède : *naïf, Saül* ; sans ce signe, on prononcerait *nef, sol.*

DU TRAIT D'UNION.

297. Le *trait d'union* se met, 1° entre le *verbe* et les *pronoms personnels*, quand ceux-ci sont placés après le verbe : *irais-je ? viendras-tu ?* S'il y a deux pronoms, on met deux traits d'union : *donnez-le-lui* ; 2° entre les parties des noms et des adjectifs composés : *chef-d'œuvre, chou-fleur* ; 3° avant et après la lettre euphonique *t* : *parle-t-il ? ira-t-on ?*

DE LA PARENTHÈSE.

298. La *parenthèse* sert à renfermer certains mots, qui, bien qu'on puisse les retrancher de la phrase, servent cependant à son éclaircissement : *je croyais, moi, (jugez de ma simplicité), que l'on devait rougir de la duplicité.* (DESTOUCHES.)

DE L'ORTHOGRAPHE.

L'*orthographe* est l'art d'être correct dans l'emploi des lettres et des signes orthographiques d'une langue.

DE L'EMPLOI DES LETTRES.

Les consonnes finales des mots primitifs sont presque toujours indiquées par la dérivation. Ainsi on écrit : *accroc, bond, champ, drap, estomac, fusil, galop, marchand,* a cause des dérivés, *accrocher, bondir, champêtre, drapier, stomacal, fusiller, galoper, marchander.*

REMARQUE. — On comprend que cette règle, quoique s'appliquant à un très-grand nombre de mots, est sujette à beaucoup d'exceptions.

TERMINAISON DE CERTAINS MOTS.

At termine les noms de dignité et de profession : *avocat, consulat, etc.*

L'*e* muet termine tous les substantifs féminins dont le son est :

1° *Ai :* une *raie,* une *baie;* excepté *la paix.*

2° *I :* la *vie,* la *jalousie ;* excepté : *brebis, fourmi, houri, souris, la merci.*

3° *U :* la *vue,* la *rue ;* excepté : *bru, glu, tribu, vertu.*

4° *Eu :* queue, lieue.

5° *Oi*: la *joie*; excepté : *croix, noix, poix, voix, la loi, une fois.*

6° *Ou*: *joue, roue;* excepté : *la toux.*

7° *E*: *pensée, croisée,* excepté les substantifs en *té* et en *tié: santé, amitié, etc.;* à moins qu'ils ne soient formés des participes des verbes, comme une *dictée,* ou qu'ils n'expriment une idée de contenance, comme une *poignée,* une *assiettée.*

Ière termine les substantifs féminins : *lumière, prière;* excepté : *pierre.*

Er termine les mots masculins où e final est précédé de *i, ill, y, ch: acier, oreiller, noyer* (arbre), *verger, clocher;* excepté : *pied, congé, clergé, duché, évêché, âgé.*

Eindre termine tous les verbes qui se prononcent ainsi à l'infinitif: *feindre, teindre;* excepté : *contraindre, plaindre, craindre.*—*Vaincre* prend aussi *ain.*

Eur et *our* terminent tous les substantifs qui ont le même son final: *bonheur, tour;* excepté : *heure, beurre, demeure, bravoure, bourre.*

DOUBLEMENT DES CONSONNES.

B, D, G, ne se doublent que dans *abbaye, abbé, rabbin, rabbat; addition, adducteur, reddition; agglomérer, agglutiner, aggraver, suggérer,* et leurs dérivés.

C se double dans les mots qui commencent par *ac, oc: accident, occasion;* excepté : *académie, acabit, acajou, acariâtre, océan, oculiste* et leurs dérivés.

F se double dans les mots qui commencent par *af, ef, of, dif, suf: affirmer, effort;* excepté : *afin, Afrique, soufre.*

L se double dans les mots qui commencent par *al, il, col: aller, illuminer, collation;* excepté : *alarme, aliment, aliéner, aligner, aliter, île, iléon, colonne, colorer.*

M se double dans les mots qui commencent par

com: comment, commande ; excepté dans : *comestible, comité* et leurs dérivés ; dans ceux qui commencent par *im : immense, etc.;* excepté : *image, imiter* et leurs dérivés.

N se double dans les mots qui commencent par *co : connaître ;* excepté dans : *conie, conide, cône* et leurs dérivés. *Inné, innocent, innombrable, innomé, innover* et leurs dérivés sont les seuls mots commençant par *in* qui prennent deux *n.*

Devant *b, m, p, n* se change en *m;* excepté dans *bonbon, bonbonnière, embonpoint.*

P se double dans les mots qui commencent par *ap, op, sup;* excepté dans : *apaiser, apercevoir, apitoyer, aplanir, supercherie, superflu, suprême.*

R se double dans les mots qui commencent par *ar, cor, ir : arracher, corriger, irrégulier;* excepté dans *araignée, arène, corail, coriace, irascible, ironie.*

T se double dans les mots qui commencent par *at: attention;* excepté : *atelier, atôme, athée, atroce.*

FIN.

TABLE GÉNÉRALE DES MATIÈRES.

—

Première Partie.

—

LEXICOLOGIE.

Deuxième Partie.

—

LEXICOGRAPHIE.

Troisième Partie.

—

SYNTAXE.

FIN DE LA TABLE.

BOULOGNE-SUR-MER,
Imprimerie de Berger frères, 51, Grande Rue.

www.ingramcontent.com/pod-product-compliance
Lightning Source LLC
Chambersburg PA
CBHW052040270326
41931CB00012B/2576